우리가 헤어지는 것은
성장했기 때문이다

공지영·지승호 지음

우리가 헤어지는 것은
성장했기 때문이다

상처 입은 치유자 공지영이
보내온 오랜 질문과 답

공지영의 들어가는 말

20년 전, 당시 일흔다섯이셨던 나의 아버지는 암 수술을 받는다는 사실을 자식들에게 알리지 않았다. 내가 그 사실을 안 날은 밴쿠버학회로 떠나기 전날이었다. 놀라서 전화를 했더니 아버지가 태연하게 말씀하셨다.

"걱정할까 봐 알리지 않았다. 당장 죽어도 무슨 여한이 있겠니. 아빠는 참 재미있게 잘 살았어."

내가 "나 아무래도 내일 캐나다행 포기할까 봐요"라고 말하자 아버지는 단호하게 말씀하셨다.

"무슨 소리니. 너는 젊고 너의 일을 해야 해. 우리 지난 주말에 만나서 맛있게 점심을 먹었지? 그걸로 충분해. 아빠는 늙었으니 아빠의 길을 가고 너는 젊었으니 너의 길을 가야 한다. 다시 만나게 된다면 좋겠지만 그러지 못하더라도 절대로 후회하거나 슬퍼하지 말거라."

그날 전화를 다 마치지 못하고 나는 그 자리에 주저앉아 울었다. 아버지와 헤어질 수도 있다는 슬픔이 처음으로 실감이 되어서였지만, 내가 사랑하고 존경하던 아버지가 마지막까지 품격을 잃지 않으시는 모습에 대한 감동도 있었다. '나도 죽음의 자리에서 자식들에게 저렇게 말할 수 있을까'라는 생각과 '꼭 그래야지' 하는 생각이 동시에 났다. 나는 학회를 마치고 돌아왔고 아버지는 암 수술을 잘 마치고 그로부터 20여 년을 더 사신다.

그 후로 건강해진 아버지는 아빠가 없는 우리 아이들의 생일마다 꼭 찾아오셨다. 정장을 완벽하게 갖춰 입고 아이들의 생일 케이크를 함께 자르며 아버지는 말씀하셨다.

"기억하거라. 할아버지가 너희들 생일을 위해서 넥타이를 매고 좋은 옷을 입고 왔었다는 것을."

나는 지금 아버지의 임종 자리에 앉아 이 글을 쓴다. 이 세상에서 나를 처음 사랑했던 남자, 이 세상에서 나를 가장 사랑했던 남자, 내가 이 세상에서 가장 존경했던 남자. 나는 아버지의 식어가는 손을 붙들고 말했다.

"내 인생에서 가장 큰 행운은 내가 아빠 딸로 태어난 거야."

희미해져가는 의식 속에서도 아버지는 엷게 미소를 지으셨다.

후배가 통화를 하다가 "언니는 좋겠다. 그런 아버지가 있어서. 우리 아버지는 주로 내 자존심을 짓밟는 역할을 하고 가셨지"라고 했을 때, 나는 말했다.

"그래서 내가 '행운'이라고 했잖아. 우리 아버지에게도 '그런 아빠'가 없었지만, 그런 아빠가 되었잖아. 그러니 너도 그런 아빠, 그런 엄마가 되어주면 되지. 그것도 힘들면 우선 너 자신에게 좋은 사람이 되어주렴. 그것도 행운이야."

어리석은 내가 헤매왔던 지난 모든 고통, 모든 실수, 모든 추락과 아픔, 그 와중에서 아주 작게 길어 올렸던 샘물 같은 나의 지혜들을 우리 아이들에게 알려주는 심정으로 나는 이 인터뷰에 응했다. 우리 아이들에게 '행운'이 되어주지 못한 미안함은 당연했고 말이다.

언제나 성실히 노력하는 지승호 작가에게 다시 한 번 감사의 말을 전하며, 전상희 대표에게도 응원의 말을 전해본다. 이 두 사람을 만난 것도 내게는 행운이었다.

이 남은 시간들, 나도 다른 이들에게 행운이고 싶다. 무엇보다 나 자신에게.
여러분들에게 그렇듯 아름답고 큰 행운을 빌며.

2025년 9월
공지영

차례

공지영의 들어가는 말   004

시작은, 사람 사이의 이야기
우리가 헤어지는 것은 성장했기 때문이다

'거리두기'로 해결되지 않는 인간관계는 없습니다   017
모든 질문에 대답해야 할 필요는 없다, 특히 말 같지도 않은 말에는

즐거운 나의 집, 가족도 실존적 남이에요   021
서로 너무 다른 인생이라고 생각하는 연습하기 | 어차피 자기들 인생이에요 | 부모님과의 관계를 다시 연습하기

잘 거절하는 법 "죄송합니다, 못 합니다"   032
잠적하지 않고 거절하기 | 회식과 오프라인 모임이 싫은 사람들 | 사람을 만나지 않고 혼자서 할 수 있는 일을 찾는 사람들 | 소소한 저항의 힘과 자존감의 무게

잘 헤어지는 법은 못 참을 때까지 참지 않기   041
애틋하게 그리워 생각나는 전 남자 친구가 있으면 좋겠다 | 민감해지기 | 플라잉 몽키들 멀리하기 | 모든 사람에게 잘 보이고 싶다는 망상 버리기

무소의 뿔처럼 혼자서 가라, 그리고 그 후   050
'절대로'의 혜완, '어차피'의 경혜, '그래도'의 영선이 보여주는 여자의 인생 | 그 후로도 여전한 여성들의 삶 | 운동권의 실체와 반페미니즘적 성향에 대한 저항 | 결혼 vs. 독신 | 쿨한 이별의 예 | 우리는 정말 사랑일까 | 불행한 사람들을 위한 해방으로서의 이혼 | 성공한 여성들의 외로움과 자유 | 젠더 이슈와 남녀평등 | 군 가산점도 주고 육아 가산점도 주자 | 아들들에게

나비가 되면 애벌레와는 친구일 수 없어요   071
그러니 헤어졌다고 상처받지 마세요 | 사랑은 서로 성장하도록 도와주는 것

이어서, 나 자신과의 화해와 성장에 대한 이야기
저는 고통 전문가입니다, 고통에 대해 물어보세요

자신의 고통을 자리매김할 수 있는 공부를 통해서 성장할 수 있습니다 081
'세 번 이혼하고 성이 다른 세 아이를 키우는'이라는 수식어 | 수많은 불행한 여자들에게 위로가 될지 알아요?

'지금부터는 내 탓'이라는 큰 깨달음 091
고통스럽지만 자기 자신의 문제점 찾기 | 서사 부여하지 않기 | 당신이 외로운 이유 | 외로운 게 아니라 정신이 없는 것 | 혼자서 행복했던 그때

인생이라는 캔버스를 크게 키워 결점을 작게 만들면 됩니다 099
나를 죽이지 못하는 고통은 나를 더 강하게 만든다 | 나를 발견하는 시간 | 하느님의 달력에는 지금 이 순간만 | 오늘 하루 억울하지 않게 보내기 | 그건 내 소관이 아니다 | 받아들임 | 건강한 좌절 | 고통 덕분에 깨달은 것들에 대한 감사

한 번뿐인 내 인생이 가고 있다, 그러니 이렇게 살 수는 없다 112
자존감을 쌓아 자긍심을 얻는 방법 | 룰을 지키며 살았다는 자기 확신이 주는 자존감 | 내 몸을 소중히 여기는 데서 오는 자긍심

성장해야 한다 118
발전과 사고의 확장을 가져오는 건강한 고통의 경험 | 성장과 성숙이 가져다주는 것 | 성장하기 위한 마음의 근육 키우기

그다음, 문학과 소설 쓰는 이야기
다행히 글쓰기 말고 아무 재능이 없어요

인류를 지켜온 이야기의 힘 129
'약자의 편에 서라'는 메시지

나는 어떻게 쓰는가 137
소설 쓰기 | 2등 작가, 2등 엄마를 하자 | 예술과 재능과 운의 삼각관계

작가가 되기까지 152
각성과 함께 각혈하듯 쏟아져 나온 데뷔작 | 레디컬한 성향 | 우연과 창의성 | 제일 중요한 건 '재미있는' 소설 | 페이지터너

뮤즈의 딜레마, 노력이면서 노력이 아니고 노력이 아니면서 노력 164
매일 길게 일기 쓰기 | 먼저 삶이 변해야 좋은 글이 나온다

작품 속으로 170
나만이 할 수 있는 문학적 방식

독자들에게 176
독자는 제게 밥을 주시는 분이에요 | 다행이고 고맙다

마지막으로, 내일 그리고 우리들 이야기
그럼에도 불구하고 행복합니다

품격 있는 삶과 노후 **183**
언어의 수준과 삶의 질 | '그래야만 한다'는 당위에 대한 강박 버리기 | 관계에 연연하지 않고 당당하기

죽음을 준비하다 **190**
죽음에 대한 공포와 깨달음 | 지상에 미련 둘 것을 가지지 않도록 조심하자 | 집에서 혼자 죽기를 권하다 | 열 아들보다 국가가 더 효자

내가 꿈꾸는 나라 **200**
최저 시급으로도 인간적으로 살 수 있는 사회 | 스웨덴 같은 사회민주주의의 모델에 대하여 | 진보는 나라 걱정 안 해도 되나요? | 난민 문제에 대하여 | 민주주의의 위기에 대하여

소금 역할을 하지 못하는 지식인들 **211**
백 명 중 세 명만으로도 | 지식인의 역할 | 젊은 노동자들의 죽음에 대하여 | 파시즘적 경향에 대하여

불행을 치유하는 행복이 클 필요가 없다 **224**
행복으로 가는 길도 행복해야죠 | 삶의 의미를 어디서 찾아야 할 것인가 | 지금 이 순간을 살며

행복으로 가는 마지막 관문 **233**
나 자신을 용서하기 | 글쓰기와 나의 행복 | 소설가가 된 행복 | 다시 찾아온 글쓰기의 행복 | 어느 시점에 돌아보느냐에 따라 행불행이 바뀌어요 | 지금 여기서 행복하기 | 모든 살아 있는 존재의 행복할 권리 | 그럼에도 오늘 내가 행복할 권리

공지영의 마지막 당부 **246**
실존적 물음 "꼭 그래야만 하나? 그래야만 한다"

지승호의 나가는 말 250
참고문헌 254 • 공지영의 책들 255

시작은, 사람 사이의 이야기

우리가 헤어지는 것은
성장했기 때문이다

2008년에 출간한 공지영과 지승호의 첫 번째 인터뷰집 『괜찮다, 다 괜찮다 — 공지영이 당신께 보내는 위로와 응원』는 좋은 반응을 받으며 제목처럼 많은 독자들에게 '괜찮다'는 다독임과 위로와 응원을 전했다. 2024년 두 사람은 한 번 더 인터뷰이 공지영과 인터뷰어 지승호로서 마주 앉았다.

작년에 처음으로 공지영 작가님 댁을 방문했을 때는 화엄사 단풍이 붉던 늦가을이었다. 구례에서 하동 평사리로 건너가는 풍경 속에 잘 익은 감들이 주렁주렁했고 지리산은 푸근하고 여유롭게 모든 걸 품어주는 듯했다.

오래간만에 두 번째 인터뷰를 시작했는데 그 겨울을 지나며 공교롭게 세상이 매우 시끄러웠고 시절이 사나웠었다.

다행히 시간은 어김없이 흐르니까 해가 바뀌고

나서도 어느새 여름이 되었다. 앞선 인터뷰들을 정리하고 다듬는 과정에서 새 질문들이 파생되어 다시 작가님 댁을 찾았다. 주차를 하는데 동백이(작가님 강아지)와 오복이(아랫집 강아지)가 먼저 마중을 나왔다.

작가님은 아침에 허리를 약간 삐끗했다고 하면서도 준비해둔 브런치를 내 오셨다. 뜨거운 여름 날씨였지만 작가님 댁에서 훤히 내려다보이는 악양벌과 섬진강에 눈이 맑아지고 산바람 맞고 차르랑거리는 풍경 소리에 마음이 차분해졌다.

질문을 하고 답을 들을 시간이다.

장소: 경남 하동 공지영 작가의 집
인터뷰이: 공지영
인터뷰어: 지승호
진행/원고 정리/발문 작성: 전상희

왜냐하면 당신과 가까운 사람들이 멀게 여겨진다고 당신은 말합니다만, 그것은 당신의 주변이 넓어지기 시작한 표시이기 때문입니다. (…) 당신이 누구도 데리고 들어갈 수 없는 당신의 성장을 기뻐하십시오.

◆ 라이너 마리아 릴케, 『젊은 시인에게 보내는 편지』 가운데

'거리두기'로
해결되지 않는
인간관계는 없습니다

● 작가님께 한 번 더 인터뷰 요청을 드린 이유를 이 문장으로 대신하겠습니다. "맨날 흔들리고 치이는 저 같은 사람들에게 위로와 용기를 주는 말을 좀 해주세요. 삶이 너무나 공허하고 버거워요." 『너는 다시 외로워질 것이다』에 쓰신 후배분이 보낸 문자 메시지 내용인데요. 저도 그렇고 독자들도 같은 심정이리라 생각합니다. 오늘은 우리 모두 일상적으로 겪는 문제인 '사람과 사람 사이의 관계에서 일어나는 일들'에 대해 이야기를 듣고 싶습니다. 우리는 다양한 관계 속에서 살아가는데요. '관계'가 '문제 그 자체'가 되는 경우가 많습니다. 자기 자신을 지키면서도 이 관계들을 잘 이어가고 싶은데 쉽지가 않잖아요. ●

자기가 고슴도치인 걸 알면 적당한 거리 안으로는 접근

하지 않는 건데요. 서로 가까이 붙는다고 따뜻해지는 것도 아니고 상처만 낼 뿐이에요. 후배들이 사람 사이에서 일어나는 일들로 상담을 해오면 이렇게 말해요. "모든 인간관계의 처방은 거리두기다." 거리를 둬서 해결되지 않는 인간관계는 별로 없습니다. 제일 좋은 건 물리적 거리를 두는 거예요. 만나지 않고 접촉을 최소화하는 거죠. 만약 어쩔 수 없이 같은 공간에서 매일 봐야 한다면 최소한으로 말을 섞고 심리적 거리를 둬야 합니다.

이렇게 하면 어떤 결론이 나는 줄 아세요? 떨어질 사람은 떨어져나가면서 정리가 되고요. 남은 사람과는 서로 예의를 차리는 좋은 관계로 재정립되는데요. 의외로 사람들이 이렇게 하지 못해요. 물론 저도 인간관계 문제로 힘들었고, 그래서 이렇게 되기 위해서 수많은 책을 읽고 수천 번 연습하고 내 마음에서 '친하다는 것'과 '인간관계와 사랑의 정의'를 계속 재정리했어요.

조금이라도 무례하게 구는 사람이 있으면 뭐라고 말하지 말고 곧바로 거리를 두세요. 예전에 저는 싸웠거든요. '왜 그러냐'고 묻고 상대가 변명하면 이해가 되는 것 같기도 하고 '그럴 수도 있겠다'라면서 넘어갔는데, 십중팔구로 같은 일이 또 일어나요. 이런 상황이 세 번쯤 반복되면 완전히 절교해버리고는 했죠. 젊었을 때는 이런 일들이 많았는데요.

지금은 서운하면 무조건 거리를 둬요. 그렇게 하니까 상대방도 눈치를 채고 왜 그러는지 물어보지도 않더라고요. 그러다가 어쩌다 만나게 되면 그런대로 괜찮아요. 상대방도 약간 긴장을 하니까요. 다시 친해진 경우도 있고요. 이렇게 거리를 두는 게 나 자신을 존중하는 방법과도 연결이 됩니다. 타인들이 육박해오면 내가 존중받지 못하거든요.

**모든 질문에 대답해야 할 필요는 없다
특히 말 같지도 않은 말에는**

또 하나 큰 발견을 했는데요. 한번은 뉴욕에 가서 통역해주는 분과 택시를 탔어요. 반듯한 느낌에 젊은 여성이었는데요. 택시 기사가 자꾸 말을 시키는데 제가 완벽하게 알아듣지는 못했지만 약간 성희롱하는 투였어요. 이런저런 걸 묻는데 그 태도가 무척 불량했어요. 그래서 뒤에서 통역사에게 대답하지 말라고 신호를 보냈는데 그걸 잘 못 알아듣고는 꼬박꼬박 답을 하는 거예요. 질문에는 대답을 해야 한다고 생각하는 거죠. 거기서 제 모습을 봤어요.

제가 굉장히 모범생 스타일이에요. 공부를 잘했고 가톨릭 교육도 받았고요. 어렸을 때부터 어른들한테 지적받은 적 한 번도 없을 정도로 착하고 성실하게 살았단 말이에요. 물어보는데 답 안 하면 엄마가 혼내잖아요. 그리고 결혼 생활 할 때 남편이 화가 나면 대답을 안 했는데 저는 그게 너무 답답했고, 게다가 무시당하는 기분까지 들었기 때문에 다른 사람들에게 그런 기분을 주지 않으려고 모든 사람에게 대답을 했어요.

아주 친한 사람에게는 대답을 하는 게 맞아요. 가족, 부부, 연인이나 친구 사이에서는 대답 안 하는 게 무시고 화가 났다는 표시니까요. 물론 약간 거리를 둬서 긴장감을 줄 필요는 있어요. 다만 무시하는 듯이 입을 닫지는 말라는 거죠.

세상의 모든 말에 대답할 필요는 없어요. 특히 말 같지 않은 말에는요. 근데 말 같지도 않은 말이 너무 많아요. 특히 여성에게 던지는 희롱 섞인 말이랄지 등등이요.

즐거운 나의 집
가족도 실존적 남이에요

● 『즐거운 나의 집』은 전통적이고 전형적인 모습이 아닌 '쿨'한 가족이 각자의 상처와 결핍을 딛고 성장하는 이야기를 재미있고 진솔하게 그려내 독자들의 사랑을 많이 받았습니다. 읽으면서 웃다가 눈물을 흘리게 되는 약간 당황스러운 경험을 할 수 있는 소설이죠.(웃음) 우리가 타인과는 거리두기를 하고 안 볼 수도 있지만 가족 관계에서는 문제가 좀 더 복잡해지잖아요. 사실 굳이 밝히지 않지만 가족 관계에서의 문제로 힘겨워하는 분들이 많습니다. ●

저는 '우리가 남이가'라는 말과 태도를 싫어해요. 가족이라도 '실존적으로 남'입니다. 부모님의 인생과 제 인생이 분리됐듯 저와 아이들의 인생도 어느 순간 분리된다는 생각을 하면서 거리를 두는 연습을 해왔어요. 그냥 된 건 아니고요.

엄청나게 연습을 했습니다. 지금도 계속해서 그 연습을 하고 있고요.

가족이라도 프라이버시를 반드시 지켜줘야 해요. 제가 글을 쓸 때 참고도서를 옆에 쌓아두는데요. 어지러워 보인다고 누가 깨끗하게 치워버리면 필요한 책을 못 찾아요. 아무리 어질러져 있어도 저는 바로 찾지만요. 그래서 아이들 방이 더러워도 바닥 청소는 해줘도 물건에는 손대지 않았어요. 그건 본인이 책임져야 해요.

일기는 절대 보면 안 되고, 휴대폰이나 이메일 비밀번호 공유도 안 돼요. 제가 아이들 키우려고 엄마 집 옆에서 12년을 살았지만 엄마가 우리 집 비밀번호를 몰랐어요. 서로 몰랐어요. 미리 간다고 전화를 하거나 초인종을 눌렀는데, 저는 이게 너무 당연하다고 생각해요. 그게 거리두기고 이건 반드시 지켜야 합니다.

서로 너무 다른 인생이라고
생각하는 연습하기

● 지난겨울에 진행한 인터뷰에서도 말씀하셨지만, 작가님과 자녀분들의 관계가 좀 특별하다고 할까요. 특히 이제는 모두 성인이 됐지만 자녀분들 초중고 시절 '사교육 일번

지'인 강남에 살면서 사교육을 한 번도 안 시킨 건 결코 일반적이지 않잖아요. 또 경제적 지원도 유예 기간을 주고 엄격하게 제한을 두신 것도 그렇고요.

아이들 교육관에는 저의 인간에 대한 관점이 투영돼 있어요. 지금은 꼭 그렇게 생각하지는 않지만 그때는 '좋은 학교 나온다고 훌륭한 사람인 것도 아니고, 많이 배웠다고 꼭 올바른 것도 아니다. 이 나라 망치는 인간들 봐라. 모두 최고 대학을 나온 최고 엘리트들이다'라고 생각했죠. 자기가 좀 모자란다고 생각하는 겸손한 사람들은 하루하루 열심히 일해서 남의 것 등칠 생각 안 하고 성실하게 살아가잖아요.

물론 또 사교육을 시키지 않은 건 아이들이 공부를 못했기 때문이에요. 잘했으면 강남 엄마들 하는 대로 따라갔을 것 같아요. 받아쓰기 네 개 맞고 수학 60점 맞아 오는데 이해도 용납도 할 수 없어서 처음에는 밤늦게까지 공부를 가르쳤어요. 근데 아이들과 사이만 나빠지고 학습에는 진전이 없었어요. 나는 점점 나쁜 엄마가 되어가고 아이들은 점점 불행해져가고요.

그래서 '나는 왜 공부를 잘했지?'를 생각해봤어요. 초등학교 1학년 때부터 고3 졸업할 때까지 줄곧 1등을 했는데요. 중간에 1등을 놓치는 위기의 순간들이 있었는데 너무 자존심이 상해서 모든 노력과 주의력을 집중해서 되돌려놨어요.

근데 '왜 그랬지?' 생각해보니까 이유가 없어요.

어느 순간 종교와 맞닥뜨려서 '하느님은 내게 그런 열정과 재능을 주셨구나'를 알았어요. 근데 제가 보기에 우리 아이들은 엄마들이 흔히 말하는 재능은 있는데 열정이 없고 동기도 없어요.(웃음) 그렇다면 '나는 그런 동기를 부모가 줬나?' 전혀 아니었어요. 부모님이 공부를 강요하거나 어느 학교에는 가야 한다고 말씀한 적이 없어요. 공부를 잘하려면 재능을 타고나야 합니다.

● 맞는 말씀입니다. 공부에 노력을 기울일 수 있는 것도 재능이죠. 근데 부모들이 그걸 몰라서가 아니라 알아도 '너는 공부 재능이 없구나, 알겠다' 하고 인정하기가 어렵잖아요. 10등을 하면 5등을 하게 만들어주는 게 부모의 역할이라고 생각하고 그대로 놓아두는 건 방임처럼 생각하니까요. ●

저도 그냥 된 건 아니에요. 엄청나게 연습을 했죠. 근데 공부를 엄마가 하나요? 관찰해보니까 엄마들 가운데 아이를 통해서 자기 삶을 성취하고자 하는 분들이 있더라고요. 근데 저는 그럴 생각이 없었고요. 앞서 말했지만 '내 부모의 인생과 내 인생이 분리됐듯이 나와 아이들의 인생도 어느 순간에는 분리된다'는 생각을 하면서 계속 연습을 했어요.

아이들이 사춘기가 되면 부모에게 말하지 않는 게 많아지잖아요. 부모가 자기 자식을 몰라요. 오히려 엄마가 제일 모를 수도 있어요. 그래서 '내가 내 자식을 안다고 생각하지 말자. 서로 너무 다른 인생이다'라고 생각하기를 연습했어요.

어차피
자기들 인생이에요

저는 아이들이 사교육을 원치 않았기 때문에 시키지 않았고요. 성인이 된 후로는 "이제 용돈 끊을 거야" 했더니 어디든 가서 아르바이트 자리를 구해 오더라고요. 일정 기간 월세와 생활비를 주고 나서 다 독립시켰습니다.

저도 대학 졸업 이후 부모님에게 손 벌린 적이 없어요. 물론 어떤 고비에서 도움을 받은 적은 있습니다만 그 외에는 없어요. 부모님이 저희 형제들 어렸을 때부터 "대학 졸업하면 너희들이 알아서 살아라"라고 하셨고, 그게 당연하잖아요. 저 역시 아이들에게 같은 말을 지속적으로 하면서 키웠어요. 밥상머리 교육을 많이 했죠. 취업을 위한 학원비를 내준다든지, 생일선물 대신 노트북을 사주는 정도만 해줬어요. 그 이상을 원하면 거절합니다.

큰아들이 대학을 안 가서 고등학교 졸업하고부터 자립을 했으니까 "네가 원하면 다른 형제들과 공평하게 엄마가 대학 등록금 정도의 돈을 정산해서 줄게. 그럴 의향이 있으니 말을 해라"라고 했더니 "엄마 도움 없어도 너무 잘 사니까 엄마는 엄마에게만 신경 쓰세요" 하기에 "고마워" 했어요.(웃음) "내가 너희들에게 손 내밀 수는 없잖아. 엄마 돈 없어. 남편도 없고 나는 내가 챙겨야 해" 그랬더니 다른 말이 없어요. 이제 다 컸으니 알아서들 잘하겠죠. 어차피 자기들 인생이에요.

● 엄마가 그렇게 하려고 해도 자녀들이 따라주지 않으면 분란이 있을 수 있는데, 다들 독립적이고 생각이 올바르네요. ●

막내가 물류센터에서 일하다 허리를 다쳤다고 해서 마음이 아팠는데 "네가 창작을 하고 싶어 하니까 그 경험이 다 도움이 될 거야. 이야깃거리를 제공해줄 거다"라고 했어요. 제일 나쁜 게, 한 번도 자기 손으로 돈을 벌어보지 않은 거라고 생각해요. 그런 사람이 정치권에서 리더가 되고 하는데 너무 위험한 일이라고 봅니다.

제가 아들에게 그 정도 용돈을 줄 수 없는 건 아니잖아요. 다만 그게 아이에게 도움이 안 된다고 생각하기 때문에 엄마로서의 의무로 안 주는 거죠. 앞으로 무엇을 하든 자기 손으로 귀중하게 최저 시급을 벌어본 경험이 인생에서 큰 자산이 될 거라 믿어 의심치 않거든요. 그런 맥락에서 자기 손으로 돈을 벌어보지 않은 정치인은 뽑아서는 안 된다고 생각해요. 어딘가에 얹혀서 산 거잖아요.

● 요즘 돈이 필요할 때 물류센터나 편의점 등등에서 아르바이트를 하는 건 일상적이죠. 젊은 분들만 그러는 게 아니라 필요하면 잠깐씩 아르바이트를 하는 사람들이 많거든요. 풀타임 직업이 있어도 상황에 따라 '투잡(Two Jobs)'을 하는 경우도 많습니다. ●

그럼요. 일상이죠. 근데 태안화력발전소 사고로 사망한 고故 김용균 씨를 비롯해 스크린도어 수리 중 사망하는 등의 사고가 계속 발생했잖아요.

저는 이처럼 젊은이들을 사지로 모는 행태들에 너무 분노합니다. SPC도 포함해서요. 안전교육을 소홀히 해서 또는 2인 1조로 일하는 기본 원칙을 지키지 않아서 사람들을 죽이다니 말이 안 되는 일이에요.

나는 문득 가족이란 밤늦게 잠깐 집 앞으로 생맥주를 마시러 나갈 수 있는 사람들이 아닐까 생각했다. 그리고 돌아오

는 길에는 팔짱을 끼는 사람들. 그리고 편안히 각자의 방에
서 잠이 드는 그런 …… 사람들.

◆ 『즐거운 나의 집』 가운데

부모님과의 관계를
다시 연습하기

저는 오히려 아이들보다 부모를 떨어뜨리기가 힘들었던 것 같아요. 아이들은 반항도 하고 "내가 알아서 할게"라는 말을 많이 하니까 오히려 더 쉽게 분리가 됐어요. 저도 거리를 두는 게 이익이라고 생각했고 서로가 거리 두는 걸 좋아했거든요. 근데 오히려 부모님이 제게 기대왔을 때는 못 떨치겠더라고요. 그러고 나서 부모님과의 관계를 다시 연습했어요.

마음은 아프지만 거리를 두고 '당신 인생은 당신 인생이고 내 인생은 내 인생이다. 내게 당신 인생의 책임까지 지게 하지는 마시라'라고 생각하는 연습을 계속했어요. 그래서 아주 냉정하게 대했죠. 여느 집들처럼 우리 집에도 문제가 있어요. 아흔여섯 아버지와 아흔둘 어머니가 계시는데 지난번 가족 모임에서 두 분이 싸웠어요. 아픈 아버지를 향한 엄마의 일방적인 공격이었죠.

● 그렇지 않아도 연로한 부모님이 계셔서 '나이 든다는 것'에 대해서도 여쭤보려고 했거든요. 작가님이 곁에서 보면서 직접적으로 느끼는 게 있으실 것 같아서요. ●

나이가 드는 문제에 대해서는 다시 이야기하겠지만 세월이 간다고 나이가 그냥 먹어지는 게 아니에요. 세월이 가면 나이를 먹는 게 아니라 뇌를 먹거든요. 그러니까 끝없이 각성하고 연습하지 않으면 안 됩니다.

저희 부모님은 사이가 나쁘지 않았어요. 근데 나이 들면서 아프고 돈이 부족해지고 다투는 모습을 보니까 너무 답답하더라고요. 진작 이혼을 하거나 누군가 돌아가시거나 해서 거리가 있어야 했는데요. 두 분이 집에서 아무것도 안 하고 서로의 존재만 의식하니까 신경이 곤두설 수밖에 없잖아요.

엄마가 하소연을 하는데 처음에는 엄마가 살면 얼마나 더 사시겠나 하고 받아줬어요. 근데 이제는 자식들도 냉정하게 대하는 편이에요. 제가 "엄마랑 아버지는 두 분의 삶을 살고 나는 내 삶을 사는 거지, 서로 어떤 부분을 도와줄 수는 있지만 삶을 대신 살아주거나 책임져줄 수는 없잖아요" 했더니, 엄마가 "젊어서 너희 아빠가 나를 얼마나 고생시켰는 줄 아니?" 해요. 여기서 고생이란 아버지가 엄마의 사랑을 별로 안 받아줬다는 말이에요.

아버지가 돈을 많이 벌었고 그래서 우리는 정말 잘 먹고 잘 살았어요. 외도를 한 적도 없고 때리거나 폭언을 한 적도 없어요. 주말마다 식구들과 놀러 다녀서 그게 귀찮을 정도로 당시로서는 너무 좋은 남편에 아버지였거든요. 엄마의 나이를 생각해도 그런 남편은 없죠. 심지어 손주들도 다 착하고 잘됐어요. 그런데도 엄마는 당신 인생이 불행한 거예요. 이걸 소설에도 썼는데요. "아버지 같은 사람이 어디 있어요?" 하니까 "네가 부부 사이를 다 아니?" 하시며 한탄을 하려고 해서 "그럼 지금부터 20, 30대에 누가누가 남편에게 괴롭힘을 당했나 배틀을 해보자"고 했어요.

● 아이고, 너무 강하게 나가신 거 아니에요? ●

형제들도 다 있었는데 그랬더니 아무 말씀도 못 하시더라고요. 엄마가 더 이상 하소연하지 못하게 하려고 한 말이죠. 그래서 "내가 엄마에게 한 번이라도 신세 한탄을 한 적 있어요? 남편이 때리고 돈을 빼앗아서 불행하다고 말한 적 있냐고요? 다 내 선택이었으니까 내가 책임을 지는 거죠. 그걸 남을 괴롭히는 데 이용하지 않잖아요. 근데 왜 엄마는 엄마의 선택으로 자식들을 괴롭혀요?"라고 했어요. 이런 집안의 흔한 풍경이 있어요.

처음에는 형제들이 제가 모질게 말한다고 했는데 요즘에

는 거의 수긍하는 분위기예요. 엄마의 하소연이 반복되니까요. 이런 말을 하면 예전에는 '내가 잘못하는 건가' 하는 생각을 했는데 이제는 안 그래요.

공지영 작가님은 이야기를 재미있게 잘한다. 인터뷰를 하다 보면 주제가 다른 곳으로 번지기도 하고 책과 큰 연관이 없는 개인적인 일도 털어놓게 된다. 그래서 약간 위험(?)하다. 독서량이 워낙 풍부하고 삶의 경험도 많고 끝없이 공부하고 사유하면서 살기 때문이기도 하겠으나 가장 중요한 이유는 '진솔함'과 '겸손함'이 아닐까 한다.

진솔한 사람 앞에서는 누구라도 무장해제되기 마련이고 진실한 이야기는 재미있을 수밖에 없으니까. 작가님이 20년 넘게 한 달에 한 번 사형수들을 만나는 교정봉사를 해오는 데는 신앙의 힘이라든지 책임감 등이 첫 번째 이유겠지만 특유의 진솔함과 더불어 밝음과 유쾌함도 크게 한몫할 것이다.

잘 거절하는 법
"죄송합니다, 못 합니다"

● 작가님, 좀 더 범위를 넓혀서 질문을 해보겠습니다. 먼저 '거절하는 법'에 대해서 여쭤볼게요. 인간관계를 힘들어하는 사람들 이야기를 들어보면요. 거절을 잘 못해서 가고 싶지 않은 자리에 참석한다든지, 하고 싶지 않거나 하지 않아도 될 일을 떠안게 되면서 받는 스트레스가 크거든요. 특히 직장 생활 하면서는 결국 부하가 걸려 힘들어하는 분들이 많아요. ●

저는 거절을 너무 못했어요. 30대 초반에 『무소의 뿔처럼 혼자서 가라』(1993) 『고등어』(1994) 『봉순이 언니』(1998)가 연달아 베스트셀러에 오르면서 온 데서 요청들이 들어오고 달력이 스케줄로 빼곡해졌어요. 어느 날 택시 타고 방송국 앞을 지나가는데 '내가 이러다 곧 망가지지' 하는 생각이 들었어요. 그런데도 도저히 거절을 못 하겠더라고요.

아침에 일어나면 이메일이 잔뜩 와 있는데 다 답신을 보내야 해요. 말했잖아요. 대답을 해야만 하는 강박이 있었다고요. 그러다가 너무너무 힘드니까 연락을 다 끊고 잠적해버렸어요. 제일 안 좋은 방식이죠. 근데 당시에는 그것밖에는 방법을 몰랐어요. 전화번호 다 바꾸고 나서 출판사 외에는 누구에게도 알려주지 않았고, 친구들도 열 명 정도 빼고는 제 번호를 몰랐어요. 심지어 당시 작가회의 주소록에 '공지영 행방불명' 이렇게 쓰여 있었어요.(웃음) 물론 농담처럼 써둔 거지만요. 그리고 나서 복귀했더니 다시 스케줄이 쌓이기 시작하는데 또 거절을 못 했어요.

잠적하지 않고 거절하기

'이제 이런 식으로 끌려다니다가 잠적하는 방식은 쓰지 말자. 이건 너무 미숙한 방법이다'라고 생각했는데도 계속 끌려다녔죠. 그렇게 10년쯤 지난 어느 날 '강연료나 출연료를 확 올리고 그 이하는 가지 말자'는 생각이 들더라고요. 이것도 방법이에요. 의뢰의 반 이상이 걸러지는데 수입은 늘어났어요.

그래도 부르는 사람들이 있어서 '이것도 괜찮네' 했는데,

그것도 힘들어서 특히 전화는 안 받고 이메일이 오면 이렇게 답장을 보냈어요. "죄송합니다. 불가능합니다." 그러면 아무도 더 이상 말 안 하더라고요. 그러니까 핑계를 대거나 거짓말로 둘러대면 안 돼요.

누가 가르쳐주더라고요. 할 수 없는 요청이 들어오면 "죄송합니다. 못 합니다" 이렇게만 말하래요. 제가 직접 해보니 이게 최고의 방법이에요.

회식과 오프라인 모임이
싫은 사람들

『너는 다시 외로워질 것이다』를 내고 한 기자가 인터뷰를 하고 간 후에 따로 전화를 했어요. "저는 회식 같은 자리에 가기가 너무 싫은데 그럴 때는 어떻게 하면 좋을까요?" 하고 묻더라고요.

● 사소하게 보일 수도 있지만 정말 많은 사람들이 하는 고민이에요. 요즘에 잦은 회식이나 몇 차로 이어지는 긴 회식을 좋아하는 사람이 몇이나 될까 싶거든요. 예전에는 분위기상 말 못 하고 끌려다녔을 거라고 생각하는데요. 코로나19로 사회적 거리두기를 하면서 회식 등 모임이 없어져

서 내심 기뻐한 사람들이 많았습니다. 근데 회식이나 오프라인 모임이 되살아나는 분위기라고 하더라고요.

● 코로나19 팬데믹 당시 제 주변 남자들이 매우 힘들어했어요. 친구들이랑 와자하게 술을 못 마시니까요. 그들에게 집은 잠자는 곳이고 즐거움은 친구들이랑 어울리는 술자리에서 찾았거든요. 우리 세대가 그래요. 근데 그보다 젊은 여자 후배들은 회식이 없어지니까 너무 좋아해요. 하더라도 점심에 하니까요.

그래서 그 기자에게 "나도 예전에는 거절을 못 하고 모든 데 다 맞춰야 한다고 생각한 적이 있어요. 근데 예를 들어 한 달에 한 번은 거절한다든지 다섯 번에 한 번은 거절한다는 식으로 원칙을 세워두면 숨통이 좀 트이더라고요. 그다음에는 눈치를 봐서 세 번에 한 번은 거절하는 식으로 거절 횟수를 늘려보면 어떨까요. 그렇게 하면 저 사람은 회식에 잘 참석하지 않는 사람으로 인식돼서 거절해도 그런가 보다 할 거예요. 본인이 승진 같은 데 큰 야망이 없다면 그냥 당신 자신을 지키세요. 그리고 회식에 간다고 승진시켜주는 것도 아니에요"라고 답했어요. 회식 참석 여부로 승진이 되는 건 아니잖아요.

● 물론 그렇죠. 근데 '사회생활하면서 너무 튀면 안 된다,

그러면 불이익을 받는다'고들 생각을 하니까요. 실제 그런 예들도 있고요. 그러니까 '회식에 안 가도 될까?'를 고민하는 거죠. 실력이나 성과가 아닌, 친분을 바탕으로 한 불합리한 행태들이 있으니까요.

또 하나 생각해야 할 건 그런 행태를 너무 못 참겠으면 퇴사를 해야 해요. 근데 세상은 어디를 가도 공평하지 않아요. 딜레마죠. 그래서 저도 화가 나지만, 그걸 너무 예민하게 받아들이면 안 돼요. 하지만 임계점은 분명히 있어야죠. 예를 들어 물리적인 폭력을 당한다든지 하는 거요. 맞으면서까지 다녀야 할 곳은 세상에 없어요.

● 그런 경우 때린 사람이 나쁜데 왜 맞은 사람이 퇴사를 하는 등의 피해를 봐야 하는지 억울한 생각이 들죠.

우리 아들이 중학교 2학년 때 학교 선생님에게 굉장히 불편부당한 일을 당했는데 제가 "앞으로 살면서 그런 사람을 천 명은 만나게 될 거야. 네가 지금 목숨 걸고 들이받을 거면 그렇게 해. 엄마가 도와줄게. 근데 지금 꼭 그럴 필요가 있는지는 잘 생각해봐"라고 했어요.

아주 중요한 이야기인데요. 이렇게 생각할 여유가 있어야 해요. 이 세상 나쁜 놈들 다 물리치면서 살면 너무 좋지만 그럴 수는 없잖아요. 경중을 따져서 불의에 맞설 때는 진짜 목숨 걸고 싸워야 해요. 근데 그게 아닌 경우에는 피해 가는 것도 하나의 방법입니다.

사람을 만나지 않고
혼자서 할 수 있는 일을 찾는 사람들

● SNS에 올라온 사연을 보다 보면 "사람과 마주치거나 관계하지 않고 돈을 벌 수 있는 방법이 무엇일까요?"라는 질문이 종종 올라오고 그에 댓글이 많이 달리거든요. 사람들이 이 질문에 많이 공감하고 나름 본인들이 진지하게 내린 답을 공유하더라고요. ●

저도 바라는 바예요. 그래, 뭘 하라고 하던가요?

● '작가를 하세요.' 이런 댓글이 많습니다.(웃음) 특히 '웹소설을 쓰세요'가 많아요. 실제로 사람들과 만나지 않고 할 수 있는 일이 몇 가지나 되겠어요. 하지만 그런 걸 보면서 사람들이 인간관계를 얼마나 힘들어하는지를 느끼죠. 저 역시 그렇고요. 여기서 좀 더 나아가서 '친구 관계란 무엇인가' 하는 생각도 많이 합니다. 요즘에는 '친구 없어도 된다. 나이 드니까 친구 필요 없다' 그런 말도 하고요. ●

그런 기분 너무 잘 알아요. 정신건강의학과 최명기 원장이 "진정한 친구 없어도 괜찮아요"라고 했는데, 그 말이 큰 위안이 되더라고요.

• 작년부터 쇼펜하우어의 책들이 유행한 것도 그런 메시지를 담고 있었고 그게 사람들에게 위로와 위안이 됐죠. •
저도 "너는 친구를 왜 그렇게 가볍게 여기니"라는 말에 가책을 느끼면서 '나를 희생해서라도 도와줘야 하나' 이런 생각에 얼마나 휘둘렸는지 몰라요.

소소한 저항의 힘과
자존감의 무게

• 그래도 요즘에는 사람들과 어울리지 못하면 사회생활을 잘 못하는 사람인 것 같은 분위기가 예전보다는 많이 완화됐어요. 자기 상황에 따라 '혼밥(혼자 먹는 밥)'을 하는 것도 흔해졌습니다. •
30대 후반부터 '혼술(혼자 마시는 술)'을 했는데 사람들이 "너 알코올중독자냐"고 했어요. 그래서 "나는 술은 좋은데 사람이 싫어"라고 했더니 아무도 이해를 못 했는데 지금은 다 이해해요. 그 부분은 세상이 바뀌었고 좀 더 내 성향에 유리하게 바뀌어가는 것 같아요.

제가 술 마실 때 가장 좋아하는 형태가 화상으로 마시는 거예요. 각자 술이랑 안주 놓고 적당히 마시다 졸린 사람은 휴대폰 끄고 자면 되니까 최고예요. 집에 갈 걱정도 없고 안전하고요.

● 요즘 다시 오프라인 모임으로 가는 분위기라고 하더라고요. ●

지금 이 사회의 주류와 사회 지도층의 핵심이 586이나 686이라 그래요. 그들은 항상 공동체를 이야기하고 집단으로 시위하는 버릇이 있어서요. 저항해야죠. 그런 식으로 끌고 가게 두면 안 돼요. 소소하게라도 저항해야죠. 작은 저항들이 모여서 결국 세상을 바꾸거든요.

요즘 세대는 뭘 싫어한다더라 하는 걸 아는 것만 해도 중요하죠. 그런 소소한 저항이 아무것도 아니라고 생각하면 안 돼요. 크게 찍히지 않는 범위 내에서 불평을 말하고 저항해야 바뀝니다. 그게 좋은 방향도 아닌데 순응할 필요가 없어요.

● 맞는 말씀이에요. 근데 자기가 선봉에 나서기가 쉽지 않잖아요. 눈치를 보게 되기도 하고요.(웃음) ●

투덜거리기라도 해야 합니다. 이럴 때 자존감이 필요해

요. 부당한 일 앞에서 꿀리지도 화내지도 않고 정정당당하게 자기 마음을 이야기하려면, 평소 자기 자신에 대한 자부심이 있어야 하거든요. 불안한 상태에서는 안 되고 마음에 여유가 있어야 해요. 그러려면 자존감이 필요한데, 그 자존감의 무게가 하루아침에 형성되는 건 아닙니다.

이게 중요한 말이에요. 나이 든 상사들은 보면 알거든요. 말 한두 마디 해보면 어느 정도 파악이 되죠. 상대가 하는 말이 깝죽대는 건지 아니면 진짜 무게를 가진 건지 안단 말이에요. 그러니까 항상 자기 자신을 돌봐야 합니다. 공부를 해야 하고요. 젊다고 해서 그런 무게가 안 실리는 건 아니에요. '이럴 때는 이렇게 말해라' 하는 스킬이 아닙니다. 이런 걸 갖추면 상대가 나를 함부로 무시하지 않아요.

잘 헤어지는 법은
못 참을 때까지 참지 않기

● 거절에서 좀 더 나아간 '이별'이나 '헤어짐'에 대해 여쭤볼게요. 이별과 헤어짐은 감정적인 무게가 더 무거우니까요. 거절보다 더 어렵고 중요한 기술인데요.

다음 작품 준비로 추리소설을 읽고 범죄 관련 다큐멘터리들을 보고 있어요. 가족 범죄들의 사례를 보면 주로 아버지가 행패를 부리고 엄마가 참아요. 그러다가 결국 아들이 참지 못하고 아버지를 죽인다든지 해요. 그런 걸 보면서 '진작 이혼을 했어야지' 하거든요. 제 말은 '못 참을 때까지 참지 마라'라는 거예요.

인간관계도 똑같아요. '참다못해 잠수 타지 마라'라는 거예요. 거리를 두는 게 모든 인간관계에서 명약이라고 했잖아요. 어떤 경우든 거리를 두면 명확해져요. 이 관계가 거리를 더 두고 끊어야 하는 건지 아니면 여기서 화해하거나 예의를 차려서 서로 재정비가 가능한 건지 판가름이 나는데요. 끝까지 가면 서로 선을 넘어버리기 때문에 재정비가 불가능합니다.

애틋하게 그리워 생각나는
전 남자 친구가 있으면 좋겠다

제 경험을 이야기하면요. 지난 이혼 전에 마음속으로 '당신을 죽여버리고 싶다'는 생각을 계속했거든요. 너무 무섭죠. 그런 무서운 생각과 분노로 얼굴 생김새까지 바뀌고 기미가 새카맣게 덮이더라고요. 그렇게 내 얼굴을 잃어버린다는 게 슬펐어요.

남편한테 '너를 가장 천천히 죽여버리고 싶다'는 생각을 하는 그런 생활은 빨리 청산해야 했어요. 누가 묻는다면 "내가 한 일 중에 그나마 잘한 일이 있다면 빨리 이혼한 거야"라고 말할 거예요. 더 빨리 했어야 했어요. 더 나빠지기 전에 약간의 좋은 감정이 남아 있을 때 했어야 했는데 그때는 그걸 몰라서 죽기 직전에 이혼해야 한다고 생각한 거죠.

좋았을 때, '좋지만 이 관계는 아니다'라고 판단했을 때 이혼했어야 해요. 그걸 알고 나서는 잠깐 연애할 때 안 좋게 싸우게 되면 "이러다가 좋은 추억도 다 잡아먹겠다. 여기서 조금 냉각기를 가지면서 관계를 좀 정리해보자"고 했어요. 상대방은 당연히 이해를 못 했는데 '나도 애틋하게 그리워서 아직도 약간씩 생각나는 전 남자 친구가 있으면 좋겠다'는 게 제게 절실했어요.(웃음) 근데 다들 없더라고요.

민감해지기

상대가 선인가 아닌가 고민하지 마세요. 선이든 악이든 내가 뭔가 불편했으면 바로 거리를 두고 관찰로 들어가야 합니다. 이게 중요해요. 제가 예전에 관계에서 실패했던 게 '이거 뭐지? 너무 이상한데 왜 이러는 거지?' 이러면서 항상 해석을 하려고 애썼어요. 시쳇말로 '궁예질'을 한 거죠.

또 '걔가 원래 그런 습성이 있는데 자기 딴에는 그게 좋다고 한 거야' 이러면서 서사를 부여해주는 '궁예2'들도 멀리해야 해요. 20년쯤 전에 읽은 유명한 책에 "모르겠으면 물어봐라"라는 말이 나와요. 이해는 안 되지만 그래도 저 사람과 헤어지고 싶지 않다면 "그때 내 기분이 좀 이상했는데 왜 그런 거야?" 하고 물어보세요. 근데 보통은 이렇게 잘 못 물어봐요.

여기서 만난 사람인데 찻집을 하는 분이 있어요. 친하게 잘 지냈는데 선을 넘는 무례한 말과 행동을 몇 번 해서 바로 거리를 뒀어요. 그랬는데 어느 날 "나쁜 의도가 아니고 재미있으라고 한 말이었어요"라고 변명을 하더라고요. 그래서 제가 정중하게 "그러셨어요. 네, 알겠어요" 하고는 안 만났어요.

저는 이게 잘 헤어지는 방법이라고 생각해요. "너 어떻게 나한테 그럴 수가 있어?" 이러면서 싸울 필요가 없는 거죠. 가끔 아주 중요한 손님들 오면 그 찻집으로 모셔요. 근데 다시는 선 넘는 말은 안 하고 못 하죠. 이제 친하지 않으니까요. 손님으로만 가는 거예요. 얼굴 붉힐 일 없이 만나면 인사하고 지내니까 불편하지 않아요.

● 말씀을 들어보니 우리가 관계를 여러 단계로 생각해볼 필요가 있는 것 같네요.　　　　　　　　　　　●

그렇죠. 우리가 '지인'이라는 말을 쓴 지가 그리 오래되지 않았는데요. 좋은 말인 것 같아요. 친구하고 분명히 다르잖아요. 친구에서 안 좋아지면 지인으로 단계를 낮추고, 거기서 또 그 말에도 안 맞으면 더 먼 단계로 낮추고, 거기서도 안 좋으면 안 보는 걸로 단계를 나누라고 하더라고요. 그래서 그 사람을 지인 단계로 낮춰버린 거예요.

지리산 이 좁은 틈새에서 그렇게 지내고 있어요. 원래도 사람들을 잘 안 만나지만 그 정도의 타격이 왔을 때 지인으로 낮추고 집에도 안 들이고 뭐 먹으러 같이 가지도 않고 하니까 괜찮더라고요. 우선 불편하지 않아서 아주 좋습니다.

플라잉 몽키들 멀리하기

한번은 사람 좋다고 소문이 났고 그분도 저를 좋아해서 아주 친하게 지낸 여자분이 있어요. 우리 집에 자주 왔는데 약간 무례한 말을 하기에 고민하다가 멀리했어요. 몇 달을 안 만났죠. 지리산에 같이 있으니까 우연히 만나게 됐는데 아주 예의 바르게 대하더라고요. 그래서 다시 잘 지냈는데 또 공격이 들어와요. 그래서 또 안 만났어요. 그러고 나서 1년 만에 봤는데 너무 깍듯하더라고요. 그러다 집에 사람들을 초대했는데 누가 "그 사람도 부를까요?" 하고 물었어요. 그래서 불렀는데 이 사람이 잘 있다가 술 한잔 마시더니 나를 공격하기 시작하는데 순간 다 얼어붙었어요. 사람들이 이미 두 번이나 이런 일이 있었다는 걸 알고 있었거든요. 그래서 관계를 끊었어요. 사람들에게 저 사람 있을 때는 나를 부르지 말라고 했고요.

한 번도 싸우지는 않았어요. 그 사람에게 다시는 만나지 말자고 말하지 않았지만 귀신같이 알고 연락해오지 않아요. 이럴 때 옆에서 플라잉 몽키(나르시시스트의 조력자)처럼 "나쁜 사람 아니고 나쁜 뜻으로 한 건 아닌데"라고 말하는 사람들도 조심해야 합니다. "나쁜 사람 아니고 나쁜 뜻도 없고 심지어 나를 좋아하기까지 한다는 거 알아요. 근데 그 사람은 나를 보면 화가 나는 지점이 있고 그걸 참을 수가 없는 거예요. 나를 보면 화가 나는 사람을 내가 왜 만나야 해요?"라고 답했어요.

모든 사람에게
잘 보이고 싶다는 망상 버리기

● 조금 다른 이야기지만 유명인이다 보니 작가님에게 어떤 목적을 가지고 접근하는 사람들도 있었을 것 같고요. 피곤한 일들이 많았을 것 같습니다.　　　　　　●

　많았죠. 근데 생각해보니까 가장 큰 실수가 제가 너무 젊어서 유명해졌기 때문에 혹시라도 교만해질까 봐 너무 조심한 거예요. 사람들한테 다 맞춰주고 겸손한 척하고요. 물론 원래부터 내가 교만한 사람이 아니라는 건 나 자신이 알아요. 그런데도 사람들이 교만하다고 할까 봐 맞춰줬는데, 그러면 반드시 선을 넘는 사람들이 있어요.
　나중에 '이럴 바에야 처음부터 만만하지 않게 보일걸' 하는 생각이 들더라고요. 사람들에게 교만하다는 말 듣는 게 뭐가 그렇게 두렵다고 곁을 내줬는지. 그랬다가 내 사생활을 온 데다 떠들거나 "내가 친했는데 걔가 이래" 하고 모함하고 다니는 걸 봤거든요. '교만하다, 오만하다' 소리를 듣는 게 차라리 후유증이 적더라고요. 애초에 사람들한테 욕먹지 않겠다는 게 가능하지도 않은 일이었고요.

● 미움받을 용기가 없으셨던 건가요? ●

　미움받을 용기가 없었던 게 아니라 모든 사람에게 사랑받고 싶었던 거예요. '내가 만난 사람은 다 나를 좋게 기억해주면 좋겠어'라는 말도 안 되는 망상을 가졌던 거죠.
　미움받을 용기는 원래 있었어요. 내가 '아니다'라고 생각할 때는 어떤 미움을 받아도 말했으니까요. '잘 보이고 싶었다'라는 말이 더 맞겠네요. 사람들이 나를 특별히 사랑해주기를 원한 건 아니나 나를 만났다면 험담은 하지 않았으면 좋겠다고 바란 거죠. 근데 그건 가능하지 않잖아요.
　또 바보 같았던 건 누군가 목적의식을 가지고 접근할 거라는 생각을 하지 못했어요. 그래서 정치하는 사람들이 진짜 내 팬인 줄 알았던 거예요.

● 왜 그런 생각을 하지 못하셨어요? 작가님의 위치상 자연스럽게 들 법한데요. ●

만약 하느님 앞에서 굳이 변명을 한다면, 내가 남한테 그렇게 해본 적이 없으니까요. "나는 올바르고 불쌍하고 의로운데 핍박받고 심지어 하느님까지 믿어요." 그러면 저는 다 내줘요. 그래서 사기도 당하고 배신도 당하고 그랬죠. 그런 저를 아는 사람들이 "너는 아무나 다 믿고 돈도 너무 많이 내준다. 이제는 그러지 마라"라고 해요. 지금은 그럴 돈도 없고 그러지도 않지만요.

어렸을 때부터 '나는 무슨 운으로 이렇게 좋은 부모 밑에서 건강하고 머리도 좋게 태어났을까. 또 글을 썼는데 운 좋게 잘 팔려서 여유 있게 사는구나'라는 생각을 해왔어요. 근데 이런 생각을 하는 것도 제가 노력해서 그러는 건 아니에요. 하늘이 준 거예요. 신앙이 준 겁니다. 이거 다 하느님 것이고 죽을 때 하나도 가져갈 수 없잖아요.

● 신앙이 있다고 모두 작가님처럼 생각하지는 않죠. ●

하하하. 그렇다고 가진 걸 다 주지는 않죠. 이제 절대 헤프게 주지 말자고 마음먹었는데 몇 달 전부터 이상하게 '하느님한테 이렇게 많이 받았으니까 내가 줄 수 있으면 다 주자'는 생각이 들더라고요.

제가 맨날 '하느님, 제가 뭘 잘했다고 이렇게 좋은 자연과 시원한 바람을 주세요' 하거든요. 그래서 요즘에는 자잘한 것들은 후배나 친구 들에게 사줘요. 밥값도 내고요. 큰돈이 아닌 범위에서는 사줍니다.

- 지난번에 예약해주신 숙소도 편하고 좋았는데 어제도 좋은 방을 얻어주셨어요. 덕분에 잘 자고 일어나서 지리산이 가득한 풍경을 보며 쌍계사까지 산책을 했는데 공기도 너무 상쾌하고 행복했습니다. 매번 숙소를 마련해주시고 브런치에 간식에 과일에, 여기 오면 너무 잘 먹고 가서 일하러 온 게 아니라 놀러 온 것 같거든요.(웃음)

그 정도는 할 수 있어요. 그래서 '하느님, 제게 너무 많은 돈은 주지도 않으시겠지만 후배들이 왔을 때 방 얻어주고 소고기 먹고 싶다고 하면 사줄 수 있는 정도의 돈은 주세요. 그게 제 소원이에요' 하고 기도를 드려요.

무소의 뿔처럼 혼자서 가라
그리고 그 후

1993년에 출간된 『무소의 뿔처럼 혼자서 가라』(이하 『무소의 뿔』)는 당대 여성뿐 아니라 남성에게도 지대한 영향을 미친 작품이다. 이 작품은 '공지영 신드롬'의 시작이었고, 단순히 한 권의 베스트셀러가 아니라 하나의 중요한 사회현상이었다. 이 작품에서 그린 여성의 삶은 불행하게도 별로 달라지지 않았고, 그러므로 작품이 주는 메시지는 여전히 유효하다.

  오랜만에 『무소의 뿔』을 읽으면서 생각했다. 이 작품에는 '페미니즘 소설'이라는 수식어가 붙어 있고 늘 그 프레임 안에서 해석하고 논쟁하는데, 정말 그게 다인가 하는 것이었다. 어떤 이즘(ism)이나 사조 전에 삶이 있는 것이니까. 세 명의 주인공, 혜완과 경혜 그리고 영선의 삶이 보였고 그것이 내 이야기처럼 느껴졌다.

● 인터뷰를 위해 최근에 『무소의 뿔』을 다시 읽었습니다. 출간됐을 때 읽고 32년 만에 다시 읽었는데요. 당시 한국 사회를 말 그대로 '뒤흔든' 베스트셀러였습니다. 그 후로 『숫타니파타』의 게송偈頌인 '무소의 뿔처럼 혼자서 가라'는 소설 제목을 넘어서 일상에서 하나의 숙어처럼 쓰이고 있습니다. 이번에 책을 읽으면서 32년 전보다 너무 많은 감상들이 밀려와서 놀랐어요. 나이가 든 만큼 공감을 많이 하면서 푹 빠져서 읽었거든요. 아주 즐거운 독서 경험이었습니다. '서른 살이라는 젊은 나이에 이렇게 인생의 비밀을 다 알아버린 것 같은 소설을 쓰다니' 이러면서 느낌표를 계속 찍으며 읽었어요. ●

지금 보면 말도 안 되지만 출간 당시에는 그 책이 '위험서적'으로 뽑혔어요. 전 세계적으로 여성들의 문제나 처한 상황은 지금도 그다지 달라지지 않았어요. 다만 소설에서는 혜완의 남편이 돈 벌지 말고 집에서 아이나 기르라고 하지만 지금은 돈도 벌고 집안일도 하라고 할 것 같아요.(웃음)

결론은 '여성들이 경제력이 있어야 한다'는 거예요. 제가 스물아홉 살에 첫 번째 이혼을 할 당시에는 돈도 없고 경제력도 없었어요. 이혼하면서 엄마가 사준 집도 주고 나왔거든요. 또 주변에 이혼한 사람이 없어서 이혼녀의 삶이 뭔지도 몰랐어요. 근데 '이건 삶이 아니야'라는 생각 외에는 아무것도 생각하지 않았어요. '내가 여태껏 애쓰면서 나쁜 짓 안 하고 열심히 살았는데 이러려고 그렇게 산 건 아니야. 이건 가망 없는 삶이야'라는 생각 외에 다른 생각은 안 하고 나온 거예요.

혜화동에 작은 월세방을 얻었는데 집주인이 금방 월세를 올려달라고 해서 수유리에 있는 연립주택으로 가서 거기서 『무소의 뿔』을 썼습니다.

'절대로'의 혜완, '어차피'의 경혜, '그래도'의 영선이 보여주는 여자의 인생

● 무엇보다 혜완의 이혼에 대한 친구 경혜의 공격이 인상적이었습니다. 공격의 요지는 '너는 뭐가 잘났다고 그런 일로 못 참고 이혼을 하고 나오니. 우리도 다 그러고 사는데'라는 것이었죠. 이게 당시의 보편적 이데올로기가 아니었을까 싶은데요. 어떻게 보면 시샘의 표현인 것도 같아서 서글프기도 했습니다. ●

경혜의 공격은 그때까지 소설에서 한 번도 표현되지 않았던 내용이에요. 실제로 당시 남자들보다 여자들 시선이 더 공격적이었어요. 더 웃긴 건 이혼을 무슨 성취라고 생각하는 것 같았어요.

예전에도 이런 말을 했지만 아무도 듣지 않았는데요. 왜 남의 불행에 대해서 비난을 하는지 모르겠어요. 누구도 이혼을 하고 싶어서 하는 게 아니잖아요. 게다가 저는 아이도 있었고요. 예를 들어 누가 교통사고를 세 번이나 당했는데 "쟤는 이상해. 교통사고를 세 번이나 당했대" 하는 거랑 뭐가 다르냐는 거예요. 그게 흉보고 비난할 거리인가요? 저는 이것도 나와 타인이 분리가 안 돼서 그렇다고 봅니다.

경혜의 그런 생각이 자신을 사랑하지 않아서가 아니에요. 시대가 그랬어요. 남편에게 폭행당하고 강제로 성관계를 갖게 된 혜완의 사연 정도로 이혼한다는 건 말이 안 되는 거였어요. 하지만 속으로는 다 부글부글하고 있었던 거죠. 근데 그걸 톡 터트려줬을 때, 이 책이 너무나 위험한 책이 되면서 한편으로는 폭발하는 거죠.

당시까지만 해도 페미니즘이 약간 들어간 소설 대부분이 남편의 외도 사실을 알면서 겪는 일들을 그렸어요. 입센 Henrik Ibsen의 『인형의 집』 같은 내용이 고전이었고, 한국 소설들도 남편의 외도를 알게 된 중산층 여성의 방황 같은 이야기였어요. 그런 상황에서도 이혼을 고민할 수 있죠. 그때는 재산 분할도 안 되던 시절이었으니까요.

하지만 『무소의 뿔』에 나오는 세 여자 주인공들의 사연 같은 걸로 이혼할 수도 있다는 생각은 한 번도 못 해본 거예요. 이런 이야기를 노골적으로 쓴 걸 처음 본 거죠. 게다가 경혜처럼 여자가 맞바람을 피우는 건 있을 수도 없는 일이었고요.

그 후로도
여전한 여성들의 삶

당시 책과 연관된 에피소드가 많았어요. 이 책이 신문사 문화부 기자들 책상에 가장 많이 꽂혀 있는 책이었어요. 부인이 읽을까 봐 집에 안 가져간 거예요. 이건 실화인데요. 어느 날 퇴근해서 집에 갔더니 부인이 자기를 쏘아보더래요. 그래서 "당신 『무소의 뿔』 읽었어?" 하고 물었대요. 또 어떤 부부가 딸이 중3인데 이 책을 읽고 죽고 싶다고 한다면서 전화 통화를 해달라고 부탁해서 전화를 한 적도 있어요.

저도 어렸을 때 모파상Guy de Maupassant의 『여자의 일생』을 읽고 죽고 싶었거든요. 그 아이도 그런 느낌을 받은 거겠죠. 여성으로서 사는 삶에 대한 환상이 다 깨지는 것 같았거든요. 그리고 『82년생 김지영』(2016년)을 봤더니 『무소의 뿔』 때 여성들의 삶에서 한 치도 못 나아갔더라고요.

그래도 좀 나아지긴 했어요. 제가 젊었을 때는 '성추행'이나 '성희롱'이라는 말도 안 썼거든요. 1993년 '서울대 우조교

성희롱 사건(서울대 신교수 성희롱 사건)'이 계기가 되어 성추행과 성희롱이 공론화되고 제도화됐어요. 여성들의 희생이 모여서 그나마 이름이 생긴 건데요. 이런 사건들에 남성 변호인들이 힘을 보탰어요. 그 가운데 고故 박원순 변호사도 있었죠. 박원순 변호사와는 개인적 친분이 있기도 해서 마음이 아팠습니다만 '아, 이렇게 한 시대가 저무는구나' 하는 생각을 했습니다.

운동권의 실체와
반페미니즘적 성향에 대한 저항

당시에도 저는 운동권들이 위험 수위를 넘나든다고 생각했어요. 대학 때부터 그렇게 생각했는데요. 우리 때가 페미니즘 거의 1세대니까 정식으로 스터디를 했고 서구의 책들이 많지 않았지만 구해서 읽었어요. 그때도 저는 최소한으로는 저항하고 항의했어요. 아주 중요한 이야기인데요. 광주 NHK 룸살롱 사태를 고발한 임수경 씨를 온 데서 욕할 때 제가 그 편에서 많이 싸웠어요. 저도 욕을 많이 들었죠. 이게 운동권의 실체예요.

진영 논리를 앞세워서 온갖 성폭행 사건들을 덮었어요. 권인숙 씨도 성폭행 당한 사실을 처음에 같은 재소자들한테 알렸는데 전부 다 외면했다고 했잖아요. 그런 운동권의 모습에, 게다가 저는 운동권인 남편까지 있었죠. 그런 이중성이 너무 황당해서 운동권들의 반페미니즘 성향에 대항해 계속 싸웠기 때문에 저는 완전히 내놓은 자식이었고요. 『무소의 뿔』도 마찬가지였죠.

여성이라고 해서 다 같은 여성이 아니라 치마 두른 남성도 꽤 많아요. 여성의 편이 되는 남자들은 많지는 않은 것 같고요. 그래서 여성이 아직도 약자인 겁니다. 그 수가 절대적으로 적기 때문에요.

결혼 vs. 독신

● 『괜찮다, 다 괜찮다』에서 결혼과 이혼에 대해 이야기하면서 '에베레스트에 한 번만에 오른 사람과 몇 번 조난당하고 오른 사람이 같겠는가'라는 표현을 하셨어요. 동의하지 않을 수 없습니다. 결혼과 이혼 그리고 독신의 삶과 연관된 이야기를 해볼까요. ●

예전에는 결혼을 해야만 한다는 강박에서 독신을 사회적 결핍이라고 생각했는데 지금은 그렇지 않습니다. 사실 인간은 원초적으로 자기 편이 되고 가족이 될 사람을 만나서 짝을 짓고 가정을 이루고 싶은 DNA가 분명히 있어요. 어떤 경우에는 이를 포기하고 독신을 선택하잖아요. 근데 스스로 포기한 것도 아니고 커리어가 특별한 것도 아닌데 어쩌다 보니 독신으로 산다 했을 때는 허탈하겠죠. 결혼했다 이혼한 거랑 아예 안 해본 건 다르니까요. 그래서 '하고 후회하는 것보다 안 하고 후회하는 게 더 크다'고 하잖아요.

인간에게는 가족에 대한 원초적 갈구가 분명히 있습니다. 가족이란 이해타산 없이 언제든지 내가 도움을 요청할 수 있는 사람이잖아요. 이런 개념으로 보면 가족이 필요하다고 생각해요. 그래서 저는 결혼해보기를 권해요. 한번 경험해보는 것도 괜찮아요. 물론 각각의 경우에 따라 다르겠지만요. 만약 제 딸이 결혼과 출산에 대해 물어본다면 "그래도 네가 한 번쯤은 그 모험을 해봤으면 좋겠다"고 말할 것 같아요.

쿨한 이별의 예

이와 더불어서 이야기하면 지금 우리나라 연애 시장이 너무 후져요. 제 책이 프랑스 출판사에서 번역본이 나와서 초대를 받아 간 적이 있어요. 거기서 어떤 분을 만났는데 저보다 한 살 위였고 국제결혼을 해서 아이들 낳고 20년 넘게 산 분이었어요.

어느 날 남편에게 다른 여자가 있다는 걸 알게 됐대요. 남편에게 물어보니까 이혼하고 싶다고 하는데 당장 이혼해줄 수는 없어서 그 여자랑 살라고 하고 그 대신 서류 정리는 나중에 하자고 합의를 봤대요. 근데 어떤 여자인지 궁금해서 만나서 와인도 한잔했는데 괜찮은 사람이었다고 하더라고요.

물론 그렇게 하는 게 결코 쉽지 않았지만 울고불고하고 싶지는 않았다는 거죠. 그렇게 보내주고 자기도 새로운 남자 친구를 만난다고 해요.

너무 쿨하죠. 이 이야기가 참 좋더라고요. 싫어졌다면 보내주는 게 맞다고 생각하거든요. 좋아서 만나 살다가 한쪽에서 싫어질 수도 있어요. 그럼 관계가 더 나빠지기 전에 잘 헤어져주는 게 나아요. 버티면서 싸우고 재판해봐야 그때까지 쌓은 좋은 추억에 먹칠만 하게 되거든요.

영화 〈우리가 사랑이라고 믿는 것 Hope Gap〉에도 보면, 부인이 남편이 바람피운 상대를 만나러 갔는데 그 여자가 "전에는 불행한 세 사람이 있었는데 이제 불행한 한 사람만 남았네요"라고 해요. 이 말을 듣고 여자 주인공이 자신의 현실을 깨닫게 되는데요. 그 대사가 너무 좋더라고요. 서로 욕하고 그러는 거 말고 이렇게 점잖게 말하기를 바라거든요. 이게 삶의 질이고 그 사람의 수준인 거죠.

우리는 정말 사랑일까

● 배우자가 바람피웠을 때 이혼하는 경우도 많지만 '내가 누구 좋으라고 이혼을 해주냐'라고도 하잖아요. 주변에서 '외도하는 두 사람을 편하게 만들어주지 마라'라고 조언하기도 하고요. ●

그런 경우가 굉장히 많죠. 그때마다 묻고 싶어요. "그러면 당신 인생은요? 지금도 당신의 시간이 가고 있는데 아깝지 않나요?" 가장 중요한 건 '내 인생이고, 누가 뭐래도 내 인생'이에요. 그런 태도는 자존감이 너무 없는 거예요. 외도한 상대를 기다리며 사는 게 자기 인생에서 가장 가치가 있다면 그렇게 해야죠. 근데 그럴까요? 혹여 기다린다고 해도 마냥 기다리는 게 아니라 자기 삶을 살아야 하는 거고요.

근데 이게 결국 '여성들의 경제력 없음'의 징표예요. 저는 모든 문제가 마지막에는 경제력으로 이어진다고 생각합니다. 경제력이 있어야 하고 감정적으로도 독립된 자아의 상태를 유지해나가는 데 힘을 써야죠.

젊은 축에 속하는 남자들 가운데 "부인이 용돈을 이만큼밖에 안 줘요" 하는 사람들이 있어요. 도대체 나이가 몇 살인지 너무 유아적으로 느껴져요. 경제활동을 같이하면 각자 생활비를 얼마씩 내고 합의하에 자기 용돈은 독립적으로 운용해야 해요. 여자들 가운데 남편이 경제권을 다 주는 걸 '자기에 대한 사랑과 믿음'으로 해석하는 사람도 있는데요. 그것도 미성숙한 거예요. 서로 각자가 책임질 수 있는 어른의 자세로 만나야 합니다.

릴케Rainer Maria Rilke의 『젊은 시인에게 보내는 편지』에 "사랑한다는 것은 개개인에게 있어서 성숙하려는, 자신의 내부에서 무엇이 되려는, 세계가 되려는, 다른 한 사람을 위해서 그 자신이 세계가 되려는 숭고한 동기입니다"라는 정의가 나오는데요. 사랑에 대한 좋은 정의예요.

'우리는 정말 사랑일까'가 고민된다면 '우리 둘이 만나서 서로 성장하고 있나'를 보면 됩니다. 엄마와 아이들의 사랑도 마찬가지거든요. 아이들은 성장하고 있는데 나는 퇴보한다면 그건 무언가가 잘못됐다는 신호이고 사랑이 아니에요.

불행한 사람들을 위한
해방으로서의 이혼

10년 전쯤 스웨덴의 결혼과 이혼에 관한 다큐멘터리를 본 적이 있어요. 지금도 스웨덴의 이혼율은 48퍼센트 정도로 높아요. 스웨덴이 미국 다음이고 우리보다 조금 위라고 해요. 그 다큐멘터리에 나온 스웨덴 관리가 "우리는 이혼율이 더 높아져야 한다고 생각한다. 그래야 불행한 사람이 줄어든다"고 말하더라고요. 놀라웠어요. 근데 맞는 말이죠. 결혼 생활이 불행한 사람들을 그로부터 해방시키고 어떻게 후유증을 최소화할 것인가, 또 아이들은 어떻게 보호할 것인가에 대한 대책을 세워야죠. "불행하더라도 참고 결혼 생활을 유지하세요"라고 하는 건 말이 안 되는 거예요.

사회가 선진화된다는 건 분류가 세밀해진다는 말이거든요. 예를 들어 후진 사회는 '너 반공이야 아니면 빨갱이야?' 이렇게 흑백으로 나눠요. 우리도 '더불어민주당이야 아니면 국민의힘이야?' 하는 건 후진적인 거예요. 수많은 개별적인 관계들을 살피고 인정하는 게 선진 사회입니다.

● 일하는 여성들은 육아 문제로 고민을 많이 합니다. 만약 어느 한쪽만을 선택해야 한다면 무엇을 선택하든 후회가 남을 텐데요. 작가님에게 이런 문제를 의논해오는 분들도 많이 계시죠?　　　　　　　　　　　　　●

강연 가면 "아이 때문에 회사를 그만둘까 하는데 어떻게 하는 게 좋을까요?"라는 질문을 많이 받아요. 제가 보니까 아이에게 엄마가 제일 필요한 때가 일곱 살쯤이에요. 오히려 어렸을 때는 남이 돌봐줘도 괜찮아요. 초등학교 들어가서 저학년까지가 엄마가 제일 필요해요. 그래서 그때 일을 많이 그만두더라고요. 또 중학교 2학년쯤에도 엄마 손길이 필요하고요. 아빠로는 안 됩니다. 이건 분명한 현실이에요.

그 시절에 아이에게 엄마가 정말 필요한데 저는 그때 아이들 옆에 있어주지 못해서 얼마나 미안한지 몰라요. 근데 고양이랑 강아지 들을 보면요. 고양이는 마르고 약해도 혼자 살 수 있는 능력이 있어요. 쥐도 사냥하고요. 근데 개들은 그런 능력이 없어서 어떤 주인을 만나느냐에 따라 상팔자가 되거나 학대견이 돼요.

그래서 제가 항상 "자기 밥을 스스로 생산해내지 못하면 노예가 될 수밖에 없다"고 말하거든요. 이는 남편이 나를 얼마나 사랑하느냐와는 아무 상관 없습니다. 또 경제활동을 하면서 느끼는 자아성취감이라는 것도 무시할 수 없고 그 긴장감에서 오는 아름다움도 있어요.

저는 사회가 엄마들을 좀 더 도와주는 방향으로 가야지, 아이들을 위해 경제활동을 그만둬야 하는 형태로 가면 안 된다고 생각합니다. 자기 밥그릇에 대한 생산성을 놓는 순간 경제력을 가진 사람에게 종속되는 건 분명해요. 일을 그만둘 때 반드시 이를 각오해야 합니다. 그럼에도 아이 옆에 있어야만 하기 때문에 그 종속을 받아들이겠다면 그건 본인이 알아서 하는 거예요. 또 하나 명심할 게 있어요. '내가 너를 위해 내 경력을 포기했으니 너는 내 희생을 알아야 해' 하는 건 엄마들의 꿈이에요. 아이들이 알아주지 않아요.

성공한 여성들의 외로움과 자유

여성 CEO 조찬회에서 강연을 한 적이 있는데요. 제가 "어떻게 된 게 여자들은 성공하면 외로워요?" 그랬더니 그분들이 일제히 "아" 하고 탄성을 내뱉어요. 남자들은 성공하면 할수록 주변에 여자도 많고 남자도 많아져요. 여자 CEO들은 성공하면 성공할수록 혼자가 되거든요.

근데 이건 어쩔 수가 없는 거예요. 남녀가 짝을 이루는 양상을 분석한 그래프를 보면 가장 상층인 여자가 남고 가장 하층인 남자가 남아요. 그러면 "그렇다고 성공하기 싫어요?" 하고 묻고 싶어요. 그런 사람도 있겠지만, 저는 아니에요. 어차피 외로울 거라면 성공하고 싶어요.

혼자 있으면 고독을 각오해야 하고 그 대신 자유를 얻는 건데요. 고독 없는 자유는 없어요. 자유는 반드시 고독해요. 책임도 다 자기가 져야 하고요. 관계 속에 얽매여 있으면 연대감 같은 건 있고 혼자서 죽지는 않을지 모르지만요. 죽는 건 한 번이고 사는 건 계속이에요. 하지만 자유는 없어요.

"나는 좀 고요하고 싶어."

이 질문과 대답은 화두처럼 내게 남았다. 내게 있어서 혼자란 것이 자유라고 서서히 각인되기 시작한 것이다. 고통과 외로움 혹은 결핍 대신.

◆ 『너는 다시 외로워질 것이다』 가운데

『즐거운 나의 집』은 딸이 화자로 등장했고, 『네가 어떤 삶을 살든 나는 너를 응원할 것이다』는 딸에게 쓰는 편지였으며, 『딸에게 주는 레시피』도 제목 그대로 딸에게 주는 책이다. 이 작품들을 통해 공지영 작가가 딸에게(여성들에게) 말해주고 싶은 메시지들을 전해 받을 수 있었다. 근데 메시지의 수신자가 아들인 책은 없다. 아무래도 딸들에게, 여성들에게 마음이 더 가는 걸까? 그래서 작품을 통해 들을 수 없었던 '아들들에게 전하고 싶은 이야기'를 직접 물어봤다.

더불어 젠더와 남녀평등과 연관된 이슈들에 대해서도 이야기를 나눴다. 공지영 작가는 남녀 사이에 분명한 차이가 있음을 말한다. 이 차이가 우열을 말하는 것은 아니고 '다름'이라고 할 수 있다. 때로는 사안에 따라 획일적 남녀평등보다는 다름을 고려한 남녀평등을 말하는데, 마음을 열고 논의해볼 만한 제안들이라는 생각이 들었다.

젠더 이슈와 남녀평등

● 지난 21대 대선 후에 투표 결과를 분석하는 과정에서 상대적으로 20, 30대 남자들의 표가 반페미 공약을 내세운 이준석 후보에게 쏠린 현상에 대한 기사들을 찾아 읽어봤어요. 재미있는 건 40, 50대 남자들의 걱정스러운 논평이었는데요. '2030 남자들이 앞으로 내 딸들의 남자 친구나 남편이 될 텐데 걱정이다, 큰일이다' 이런 반응들이었거든요. 20, 30대 아들들을 두고 계시니 젊은 남자들의 이런 경향에 대해 하실 말씀이 있을 것 같습니다. ●

실제로 연애들이 많이 깨지더라고요. 우리 아이들도 거의 젠더 문제로 헤어졌대요. 저는 20, 30대 남성들의 억울함이 어느 정도 이해가 돼요. 노비가 해방돼서 양반들이 억울한 거랑 비슷한 것 같아요. '아버지는 엄마한테 군림하고 할머니도 항상 아버지를 우대했는데, 왜 우리 엄마는 내게 할머니처럼 하지 않고 아버지처럼 행동하지 말라고 하나.' 또는 '우리 엄마도 해주는데 왜 젊은 너는 안 해주냐. 내가 너 아니면 여자가 없냐' 하는 식이니까 진짜 여자가 없는 거잖아요.(웃음)

생각해보니 우리 아이들조차도 남편이 내게 밥상을 차려주는 걸 거의 보지 못하고 자랐어요. 그건 저도 잘못한 거죠. 남자들 입장에서는 할아버지와 아버지는 계속 군림해

왔는데 이제 와서 여자들이 "네가 뭔데 내가 밥을 차려줘야 해" 이러니까 황당한 거죠. 억울하기도 하고요. 게다가 요즘에는 핑곗거리가 많잖아요. 우리 때만 해도 휴머니즘 안에서 페미니즘을 말했어요. 근데 요즘 '메갈' 같은 경우에는 제가 봐도 페미니즘이 아니에요.

모든 사조가 휴머니즘을 잃으면 그때는 사이비 종교화되는 건데요. 그런 것들이 마치 주류인 양 이야기하고, 여러 가지 의미에서 화가 난 여자들이 차라리 '메갈이 낫다'고 그러잖아요. 얼핏 보면 그들의 주장이 시원하니까요. 그러니까 일부 젊은 여성들의 이런 극단적인 행태에 대한 자제력 없음과 무분별한 수용 등등이 남자들에게 엄청난 빌미를 제공하는 거죠.

군 가산점도 주고
육아 가산점도 주자

좀 더 들어가서 군 가산점 문제는 젊은 남자들이 억울할 거예요. 충분히 이해합니다. 누구 말처럼 청년에게서 2, 3년의 시간을 빼앗았으면 그에 합당한 가산점을 줘야죠. 그리고 이건 제가 1990년대부터 주장해왔는데요. 남자들이 군대 다녀오면 가산점 주고, 여자들이 2년 정도 아이 키우고 사회로 돌아오면 그들에게도 재취업할 때 가산점을 주자는 거예요. 그러면 출산율이 좀 높아지지 않을까요. 나라에도 좋고 엄마들이랑 아이들에게도 좋잖아요. 아이 둘 키우고 오면 가산점 더 주고요. 그랬더니 '우리가 애를 낳기 싫어서 안 낳냐, 애가 안 생긴다 또는 나는 결혼도 못 했다'면서 반박을 하는데, 그런 건 어쩔 수 없어요. 개인 사정이니까요.

남자들이 2, 3년 동안 국가에 복무를 했으니 가산점을 주는 게 맞다고 보고요. 앞으로는 인구가 줄어드니까 이스라엘처럼 여자도 군에 갈 수 있는 길을 열어놓자고요. 여자는 모병제 개념으로 가고 싶은 사람만 지원해서 다녀오고 이들에게 군 가산점을 주면 되잖아요. 국가를 위해 복무를 하면 남자든 여자든 가산점을 줘야 해요.

- 모병제에 대한 이야기들도 하는데, 징병제 말고 남자도 모병제를 하면 어떨까요?

모병제는 절대 반대예요. 미국이 월남전에서 저지른 학살 등의 만행이 나중에 폭로될 수 있었던 게 징병제였기 때문이에요. 모병제로 군대를 운영하면 무기를 든 사람들이 무슨 짓을 하든 누가 고발을 할 수 있겠어요. 그래서 모병제는 굉장히 위험합니다. 또 역사를 보면 제국들이 이방인들을 군인으로 받아들여서 나라가 무너지기도 했고요.

나라는 그 나라의 젊은이들이 지키는 게 맞아요. 군대 다녀오면 대우를 잘해주면 되죠. 사병들 봉급 떼어먹고 그러지 말고요. 지금 미국과 캐나다, 호주, 뉴질랜드 그리고 유럽 강대국들이 모병제를 하고, 나머지 대부분의 국가는 징병제예요. 게다가 강대국에 둘러싸인 우리나라 상황에서 모병제는 맞지 않습니다.

아들들에게

- 딸에게 전하는 메시지는 책으로 많이 말씀하셨는데요. 아들들에게는 어떤 말씀을 주로 하세요?

딸은 말을 듣는데 아들은 말을 안 들어요.(웃음) 말을 듣든 안 듣든 아들들에게 "너희들 몸가짐을 중요하게 생각해야 한다"고 했죠. 물론 딸에게도 하는 말이지만요. "여자는 어느 정도 자기 몸에 대한 재량권이 있지만 너희에게는 없어. 그래서 몸가짐을 더더욱 조심해야 하고 정말 사랑하는 사람이랑 잠자리를 해야 해. 안 그러면 너희 인생 자체가 너무 후져져"라는 이야기를 많이 했는데요. 얼마나 공감했을지는 모르겠어요.

- 아들들은 그런 이야기를 하면 쑥스러워하나요?

쑥스러워하는 게 아니라 엄마가 뭐 저런 참견까지 하나 하는 표정이죠. 정신과 의사들이 엄마가 아들에게 성과 관련된 이야기를 대놓고 하지 말라고 하더라고요. 위험한 방법이래요. 남자아이들에게 설문조사를 했는데, 소위 지적인 엄마들이 "어제 네 침대 청소했다. 나는 자위하는 거 다 이해하는데 너무 과도하게만 하지 마" 이런 말 하면 난감하대요.

그런 부분에 대해서 알은척하지 말라는 거죠. 모든 인간에게는 모르는 척해줘야 하는 부분이 분명히 있어요. 배운 엄마들이 본인은 쿨하다고 여기면서 하는 행동이 아들들에게는 역효과라는 거예요. 저는 일찍이 정신과 의사한테 충고를 들어서 그런 말은 하지 않았고요.

"남자는 알 수 없는 사이에 아이가 생길 수 있다는 걸 반드시 예상을 해야 한다. 네가 아이를 낳고 어떤 경우에는 같이 살고 싶다고 생각한다면 그때는 잠자리를 해도 상관없는데, 그런다고 다 같이 살게 되는 것도 아니고 아이가 생기는 건 아니지만 너희에게는 재량이 없다는 걸 명심해라"라고는 말했어요.

딸에게도 "아무한테나 마음을 주는 것도 우스워 보이는데 하물며 몸을 그렇게 하면 네 자존심은 바닥이 되는 거야"라고 했고요. 아들들에게도 똑같이 말했어요. 이건 자존심의 문제거든요.

그리고 아들들에게는 말로 하는 것보다 문자로 하는 게 훨씬 효과적이에요. 제가 하도 모르겠어서 아들 키우는 법에 대한 책을 많이 읽었는데요. 남자들은 어른이고 아이고 감정적인 언어가 계속되면 귀가 닫힌대요. 그래서 문자로 보내면 아이가 생각하면서 읽을 수 있고 답도 생각하면서 보낼 수 있기 때문에 웬만하면 그렇게 했어요.

나비가 되면
애벌레와는
친구일 수 없어요

이 책의 제목 『우리가 헤어지는 것은 성장했기 때문이다』는 파블로 네루다Pablo Neruda의 "우리가 헤어지는 것은 역경 때문이 아니라 성장했기 때문이다"라는 말에서 가져왔다.

공지영 작가는 친하게 지내왔던 사람들과의 '이별'이나 '헤어짐'을 '성장'과 연결해 설명하고, 특히 '고통을 성장의 기회'로 삼기를 강조한다.

또 자주 인용하는 스캇 펫 박사의 말을 빌려 "참사랑은 상대방과 나의 성장을 서로 돕는 것이다. 함께 성장해야 하는 것이다"라고 했다. 함께 성장하지 못하면 헤어질 수밖에 없고, 그렇게 헤어진다면 그것은 당신이 성장했다는 의미이니 받아들이고 나아가라는 것이다.

● 인간관계에서 '거리두기'라는 큰 주제 아래 연관된 주제까지 이야기를 나눴습니다. 부모와 자식, 부부, 사람들 사이의 관계들을 살펴봤는데요. 마지막으로 거리두기의 최종 지점이기도 하고 이 책의 제목과 연결된 '헤어짐과 성장'에 대한 이야기를 들어보고 싶습니다. '우리가 헤어지는 것은 성장했기 때문이다'라는 문구가 파블로 네루다가 한 말이라고 하는데 의미가 깊잖아요. ●

살다 보면 '유유상종'이라는 말이 진짜 맞더라고요. 희한하게 그렇게들 모여요. 제 인생에서 몇 가지 큰 계기가 있었는데 그중 하나가 정신과 치료였어요. 당시 그 선생님을 만나고 치료 효과가 좋아서 잘 다니고 있었는데, 그 무렵에 이상하게 친구들이 다 떠나가는 거예요. 그래서 그 문제를 상담했죠. 그분이 "떠나간 친구들이 공지영 씨가 어떤 상태에서 만난 사람들이었나요?" 하고 물어요. 그래서 "제가 제일 힘들었을 때 술을 같이 마셔주고 이야기도 들어준 고마운 친구들이라 가슴이 너무 아파요"라고 답했어요. 그러고 나서 그분이 더 이상 말을 안 했어요. 테라피라는 게 그런 식이거든요. 설교를 하는 게 아니라 자기 스스로 깨달을 수 있게 건드려주는 거예요.

그때 깨달은 게 '내가 나쁜 상태일 때는 친구를 새로 만나면 안 되는구나'였습니다. 내가 회복이 되니까 그 친구들이 떠나가는 거예요. 내 상태가 바뀌면 주변 사람이 다 바뀐다는 걸 그때 알았어요. 그 치료를 받고 나서는 저도 친구를 떠나게 되더라고요. 그전에는 매일 만나서 '내가 이만큼 불행해' '아니야, 내가 더 불행해' 그러면서 서로 불행 배틀을 하던 사람들을 더 이상 만나기가 싫은 거예요. 그런 이야기를 하기가 싫으니까 할 말이 없고 만나도 재미가 없는 거죠.

그러니 헤어졌다고
상처받지 마세요

얼마 전에 제 대녀代女가 "갑자기 친구들이 저를 떠나는데 어떻게 해야 해요?"라고 묻기에 "이제 네가 나비가 되려고 해서 그런 거야. 애벌레와 나비는 더 이상 친구가 아니야. 그건 어쩔 수가 없어"라고 했어요.

제가 여러 번 비유했는데요. 국립공원 입구 매표소에서는 그렇게 북적이던 등산객들이 산 정상에 올라가면 없어요. 높이 올라갈수록 외로워요. 성장할수록 외롭습니다. 각자가 선택하는 거예요. 정상까지 오르기를 포기하고 내려가서 주점에서 막걸리를 마실지 아니면 그래도 계속해서 저 봉우리에 오를지는 각자의 선택이죠. 너무 외로운 사람은 내려가서 막걸리를 마시면 돼요.

또 등산길도 여러 갈래잖아요. 꼭 같은 길로 간다고 장담할 수도 없고요. 여러 갈래로 나뉘면 결국 혼자 가는 거예요. 그리고 높이 올라갈수록 헤어지는 사람이 많아지죠. 후배나 친구 들이 누구랑 헤어져서 속상해할 때 "그건 네가 성장했기 때문이야"라고 말해주면 위로를 많이 받더라고요. 그게 사실이고요.

사랑은 서로 성장하도록 도와주는 것

헤어진 친구들 잘 생각해보면 '내가 성장했거나 그 친구가 성장했거나' 둘 중에 하나예요. 아니면 둘 다 성장했을 수도 있고요. 계속 죽이 잘 맞는다면 둘의 성장 속도가 같거나 아니면 둘 다 성장하지 않았거나예요. 부부도 마찬가지입니다. 부부도 한 사람이 먼저 성장하면 같이 살기가 굉장히 힘들어요. 그 균형을 맞추기가 아주 힘듭니다.

저희 부모님도 열네 살, 열여덟 살에 첫사랑으로 만난 두 사람이 결혼해서 70년 넘게 살고 계신데요. 아버지는 공부하고 사회생활하면서 계속 성장하셨는데 엄마는 집에서 우리들 키우면서 살림을 했어요. 어떻게 보면 성장이 멈춘 셈이어서 그로 인한 불화도 크단 말이에요.

제가 자주 인용하는 릴케의 『젊은 시인에게 보내는 편지』를 얼마 전에 또 읽었는데 다른 구절이 눈에 들어오더라고요. 그 구절을 해석하면 '같이 있는 게 사랑이 아니라 서로 성장하도록 도와주는 게 사랑'이라는 거예요. 부모와 자식 그리고 부부도 마찬가지고, 친구도 만났을 때 기쁨과 성숙의 열매들을 서로 나눌 수 있어야 사랑입니다. 저는 이 말이 점점 너무 와닿아요. 그래서 꼭 말해주고 싶어요.

"헤어진다고 상처받지 마세요. 당신이 성장하는 겁니다!"

모든 성장은 위험하다. 성장은 일종의 변형이고 변형은 딱딱하고 강한 것에서가 아니라 부드럽고 말랑말랑한 것에서만 이루어지기 때문이다.

◆ 『너는 다시 외로워질 것이다』 가운데

이어서, 나 자신과의 화해와
성장에 대한 이야기

저는 고통 전문가입니다,
고통에 대해 물어보세요

공지영 작가님이 유기농 레몬을 띄운 물을 내주셨다. 지난가을과 봄에는 직접 발효시킨 따뜻한 차를 주셨는데 오늘은 여름과 잘 어울리는 시원한 레몬수다. 작가님은 계절에 맞춰 유연悠然하고 센스 있게 지내시는 듯하다. 마실 것 하나에도 계절감을 담아낸다. 물론 커피는 계절 초월이다. 작가님 손에는 얼음 가득한 아이스 커피가 들려 있다.

독자들의 반응 가운데 기억에 남는 게 있느냐는 질문에 "선생님 덕분에 인생이 달라졌어요"라는 말이라고 답했다. 공지영 작가의 글과 말에는 읽는 사람과 듣는 사람을 위로하고 용기를 주는 힘이 있다. 이는 문장력이나 말솜씨로 줄 수 있는 게 아니다. 진정성이 담기지 않은 글과 말에 힘이 들어갈 수는 없기 때문이다.

작가 자신이 절절하게 겪어내고 살아낸 것들에서

뽑아 올려 한껏 힘을 실어 쓰기에 가능한 것이다. 머리가 아니라 가슴에서 나온 문장들만이 누군가의 인생을 달라지게 만들 수 있다.

독자들과 만나면 끝도 없이 질문하고 공감하고 눈물을 흘린다고 한다. 그래서 '내가 하는 말에 왜 그렇게 감동을 하는 걸까?' 하고 궁금해했는데, 여성들이 공지영 작가의 삶의 배경을 특별하게 여기는 데서 오는 공감이 큰 것 같다는 생각이 들었다면서 '감추고 싶었던 내 불행들이 사람들에게 위로가 된다는 커다란 아이러니'를 느꼈다는 답을 들려주었다.

인터뷰는 공지영 작가의 전문 분야라고 할 수 있고 독자들이 가장 듣고 싶어 하는 주제인 '고통과 극복 그리고 성장'에 대한 이야기로 넘어갔다.

첫 번째로, 고통은 내가 무엇에 집착하고 있는가를 보여주는 바로미터이다. (…) 두 번째로 고통이 주는 이점이 있는데, 그것은 겸손해진다는 것이다. (…) 여기서 그 고통을 자기비하로 떨어지지 않게 잘 관리하면, 그것은 곧바로 고통의 세 번째 이점인 성숙으로 연결된다.

◆ 『너는 다시 외로워질 것이다』 가운데

자신의 고통을
자리매김할 수 있는 공부를 통해서
성장할 수 있습니다

● 작가님이 강연을 많이 다니시잖요. 저도 예전에 작가님 강연회에 참석했을 때 오신 분들의 분위기가 정말 좋았던 기억이 있습니다. 다들 기대감에 설레는 눈빛이었고 진지하게 질문하고 경청하는 모습이었는데요. 좀 놀랐던 건 어떻게 보면 약간 비밀스러운 사생활도 스스럼 없이 밝히기에 '이분들이 권위 있는 사람의 조언에 많이 목말랐고 작가님을 이렇게까지 신뢰하는구나' 했거든요. 강연에서 어떤 주제들을 많이 다루시나요? ●

강연회에서 "여러분, 저는 고통 전문가예요. 고통에 대해서 물어보세요"라고 했는데 사람들이 인상적이었다고 해요. 제가 물리적, 정신적 고통을 많이 겪었잖아요. 이혼의 고통에서 가정폭력까지요.

독자들이 어떻게 하면 글을 쓸 수 있느냐고 물으면 항상 **"고통과 고독과 독서, 이 세 가지입니다"**라고 하면서 **"반드시, 반드시 고통을 통해서만 우리는 성장합니다"**라고 말하는데요. 그랬더니 "선생님, 저도 고통을 너무 많이 받았는데 성장할 수 있나요?" 하고 묻더라고요.

그래서 요즘에는 "반드시 고통을 통해서만 성장하지만 여기에 조건이 붙습니다. 고통이 쌓이는 것만으로 성장할 수 있다면 시장에서 넋두리하는 할머니들이 최고로 성장했겠죠. 근데 그렇지 않고요.

반드시 자신이 받는 고통의 의미를 객관화할 수 있는 공부가 필요합니다. 이게 없다면 넋두리나 한탄이나 푸념에 불과하고 이는 누구나 다 가진 사연일 뿐이에요.

그러니 당신의 고통이 이 시대와 당신의 성性과 이런 것들에 대해 어떤 의미가 있는지 그 자리매김을 반드시 해야 합니다. 그런 공부가 따르지 않은 모든 고통은 사람을 상하게 할 뿐이에요. 공부를 통해서 자신의 위치와 고통의 의미가 자리매김될 때 비로소 그 고통이 빛을 발하면서 당신을 더 성장하게 만들어줄 겁니다"라고 말하거든요.

● 남들도 다 겪는 일인데 본인만 불행한 듯 힘들어하는 사람들이 있죠. 나이 든 분들 가운데는 "내가 겪은 걸 소설로

쓰면 열두 권 분량이다"라고 말하는 분들도 계시고요. ●

그런 분들 많죠. 앞서 말했지만 저희 엄마가 느끼는 고통이 거짓은 아니에요. 다만 엄마는 그 시대에 자신의 의미와 자신의 여성성, 즉 1934년에 태어난 엄마의 인생이 당시 다른 사람에 비해서 어떤지, 또 아버지는 남편으로서 그 시대의 남성으로서 어떤 사람이었는지에 대한 자리매김을 못 하는 거예요. 그러면 그 고통이 쓸데없어지면서 노망든 할머니처럼 되거든요. 자신의 고통이 객관적으로도 고통스러운 거라면 거기에는 역사적 의미가 들어갑니다.

제가 가정폭력 당하고 이혼했다고 손가락질 받았던 일들을 생각해보면요. 그 시대의 어떤 후진성에 처음으로 발을 디뎠기 때문에, 말하자면 퍼스트 펭귄이 갖는 아픔들을 겪었다는 약간의 자부심도 제게는 있어요. 세 번 이혼하고 성이 다른 세 아이가 있는 여자가 10년 넘게 신문에 오르내렸으니까 이제 한두 번 이혼하고 성 다른 자식이 있는 건 일도 아니잖아요. 근데 2000년대에는 〈조선일보〉 1면에 기사가 실리는 일이었어요.

그랬던 시대를 생각하면 '그래도 사회가 더 퇴보하지 않았고 내 뒤에 오는 사람들은 내가 겪었던 일로 돌팔매를 함부로 맞지는 않는구나. 내가 겪은 고통이 그런 역할을 한다면 내게도 의미가 있다'는 생각이 들면서 그 고통으로부터 벗어날 수 있게 된 거죠. 이런 식으로 시대를 생각하고 자리매김하는 공부가 항상 있어야 한다는 말입니다.

'세 번 이혼하고 성이 다른
세 아이를 키우는'이라는 수식어

● 인터뷰집을 준비할 때 작가님이 "선배로서 여성으로서 엄마로서 그리고 성공한 작가로서 할 수 있는 이야기들이 있으니 그런 질문을 해달라, 또 내 책으로 다 말할 수는 없으니 그런 주제를 다뤄보자"라고 하셨어요. 생각해보니 작가님이 여성들이 겪을 수 있는 문제들을 종합 세트로 다 겪으셔서 '여성 독자들이 심적으로 작가님을 굉장히 가깝고 편하게 느끼는구나' 했습니다. ●

여자들의 삶과 연관된 건 뭐든 물어봐도 되죠. 직업적으로 굉장히 성공했지만 미혼인 분들에게는 물을 수 없는 질문이 있잖아요.(웃음) 근데 제가 그런 일들을 겪었음에도 불구하고 어둡지 않고 주눅 들지 않은 채 당당하게 지내는 모습을 사람들이 좋아해주는 것 같아요. 그래서 '내가 상처 입은 치유자가 된 것 같다'고 말한 건데요.

제 상처가 사람들에게 위로가 되기도 하지만 그럼에도 망가지지 않고 잘 사는 모습도 위로가 되는 것 같고, 또 약간 충격을 받는 것 같기도 해요. 나이 든 사람 중에서 "세 번 이혼했고 성이 다른 아이들 셋 키우는데 그게 뭐가 어때서요?"라고 말하는 사람이 거의 없으니까요.

아직도 이런 수식어를 붙인다는 게 시대에 뒤떨어진다고 생각하거든요. 그래서 지난번에 어떤 기자에게도 "'세 번 이혼한'이라는 수식어 또 쓰실 거예요? 촌스러우니까 이제 그만 좀 쓰세요"라고 했더니 수긍하고 안 쓰더라고요.(웃음) 이제는 제가 여유가 생겨서 이렇게 말을 하니까 기자도 아는 거죠. 만약 예전처럼 계속 상처받고 있는 듯이 보였다면 또 썼겠죠.

근데 감동적인 일이 있었어요. 『즐거운 나의 집』하고 『네가 어떤 삶을 살든 나는 너를 응원할 것이다』(이하 『응원할 것이다』)가 거의 동시에 나왔거든요. 두 책 모두 성이 다른 동생 둘을 가진 큰딸에게 쓴 거잖아요. 책 출간하고 사인회를 하는데 독자들이 와서 "우리 엄마도 이혼했거든요. 책 읽고 처음으로 엄마를 이해했어요. 그래서 이제 엄마 안 미워요"라고 하는데, 그때 '내가 좋은 일을 했구나' 싶더라고요.

또 제 또래인 어떤 남자들이 원래는 안 그랬는데 갑자기 너무 잘해주는 거예요. '왜 그러지?' 했는데 자기들 엄마가 재가해서 성이 다른 동생이 있었던 거죠. 그 상처가 너무 크고 평생을 쉬쉬하고 살아왔던 거예요.

이 이야기를 하면서 작가님의 눈에 눈물이 약간 고였다. 이혼한 부모님, 재가한 엄마 그리고 성이 다른 형제를 가졌다는 걸 어디에도 털어놓지 못하고 움츠러들었을 아이들, 또 그 아이들에게 평생 미안한 마음을 가졌을 엄마들이 견뎌온 가혹한 시간과 서러움에 대한 이해와 공감의 눈물이었을 것이다. 듣는 나도 울컥했다. 그리고 작가님에게 고마웠다.

● 사회 분위기상 말을 안 하고 못 해서 그렇지 그런 분들이 많죠. 예전이라고 이혼이나 재가가 없지 않았잖아요. ●

많은 게 당연한 거 아니에요? 엄마가 젊어서 재혼했다면 당연히 아이가 생길 테고, 그러면 낳지 안 낳아요?

● 오히려 예전에는 여성들이 생활 수단이 없으니 재혼을 할 수밖에 없었잖아요. 굶지 않으려면 원하지 않아도 재혼을 해야 했죠. ●

그랬죠. 엄마들이 자식들하고 먹고살기 위한 생계 수단으로 재혼하는 경우가 많았죠. 『우리들의 행복한 시간』(이하 『우행시』)에서도 엄마가 재혼하면서 아이를 고아원에 버리는 바람에 그 상처로 아이가 범죄자가 되잖아요. 실제로 그런 경우들이 있어요. 만약 여성의 재가라든지 성이 다른 형제들에 대한 사회적 시선이 괜찮았다면 엄마가 자식을 버리고 갔겠어요. 이 사회에 만연했던 말도 안 되는 편견이 얼마나 많은 사람들의 삶을 망쳐놨냐고요.

수많은 불행한 여자들에게
위로가 될지 알아요?

● 죄도 아닌데 숨기고 살아왔던 거죠. 무슨 치부恥部인 것처럼요. 근데 그런 이야기를 밝고 명랑한 톤으로 재미있게 써서 발표하고 그 소설이 사람들에게 크게 호평받으니까 얼마나 반가웠을까 싶어요. 마치 자기가 인정받은 것 같은 느낌이지 않았을까요?　　　　　　　　　　　　●

그랬던 것 같아요. 그리고 이런 사연을 가진 사람이 이렇게 많았나 하고 깜짝 놀랐어요. 그다음부터는 어디를 가면 사람들이 갑자기 자기 이야기를 하는데 다 그런 사연이에요. 평생 누구에게도 말하지 못한, 성이 다른 형이 있다든지 하는 사연인데 저라면 이해해줄 거라고 생각하고 털어놓는 거죠. 털어놓을 사람이 있다는 것만으로도 숨통이 트이거든요.

제가 세 번째 이혼을 결심하기 전에 어떤 동갑내기 신부님한테 고해성사를 하면서 막 울었어요. 그랬더니 신부님이 고해성사를 듣다 말고 "왜 이혼을 안 하세요?" 하는 거예요.

가톨릭에서 알면 큰일 날 말인데요.(웃음) 그래서 "제가 회심해서 가톨릭으로 돌아온 거『공지영의 수도원 기행』에 써서 사람들이 다 아는데 못 살아내고 이혼하면 하느님 망신이잖아요"라고 했거든요.

그랬더니 신부님이 갑자기 화를 내면서 "하느님이 공지영 씨보다 머리가 나빠요?"라고 해요. 그러더니 혼잣말처럼 "또 알아요? 공지영 씨가 세 번 이혼하고도 잘 살고 건강하면 수많은 불행한 여자들에게 위로가 될지"라고 하는데 그 말이 천둥소리처럼 들리더라고요.

● 듣는데 약간 소름이 돋았어요. 거의 신의 목소리를 전해주신 것 같습니다. 훌륭한 신부님이네요. 교리에 얽매인 말씀만 하는 게 아니고 통찰력 있는 말씀이잖아요. 감동적인데요. ●

거의 그런 수준이었어요. '성령이 임하셨나' 하는 망상이 들 정도로요. 그 말이 천둥소리처럼 울렸는데도 당시에는 내 불행에 너무 매몰돼 있었기 때문에 그 말이 제대로 들어오지는 않았어요.

책이 한 권도 안 팔리고 아이들까지 손가락질 당할 게 너무 겁나고 두려워서 이혼을 못 하고 있었죠. 그때 한국 사회의 분위기가 그랬으니까요. 출판사에서도 이번에 또 이혼하면 책 안 팔린다면서 말렸거든요. 그렇게 한참을 고민하다가 '내가 작가가 되려고 사는 게 아니다. 책을 팔려고 사는 게 아니다. 나는 잘 살려고 사는 거다. 그러면 일단 이혼을 하고, 도무지 책이 안 팔리고 사회에서 손가락질을 받으면 이민을 가자' 하고 결론을 내린 거예요.

결혼 생활을 하는 7년 동안 글을 못 쓴 데다 하나 있는 집까지 담보로 잡혀서 재산 분할해주고 나니까 돈도 없었어요. '7년 동안 안 썼더니 글은 안 써지고 어떻게 해야 하나' 고민하면서 너무 괴로우니까 밤마다 아이들 재우고 소주를 두 병은 마셔야 했어요. 그래도 몇 권 계약을 해서 출판사에서 받은 선금으로 생활하다가 『우행시』가 베스트셀러가 되고 연달아서 『응원할 것이다』도 잘 나갔어요. 둘 다 백만 부 넘게 팔렸으니까요. 그래서 즐겁게 더 열심히 놀고 더 열심히 쓰고 그랬죠.

- '세 번의 이혼과 성이 다른 세 아이'라는 수식어가 늘 따라다녀서 당시에는 그로 인해 마음이 아프셨겠지만요. 아이러니하게도 이 수식어가 작가님에게 부정적인 영향만 준 건 아닙니다.

그렇더라고요. 그 무렵에 '여대생이 뽑은 닮고 싶은 사람' 중에 제가 높은 순위로 뽑혀서 '이게 말이 되나' 했거든요.

근데 그때 스트레스로 한 달 만에 몸무게가 10킬로그램이나 늘었어요. 퉁퉁 부어서 병원에 갔더니 의사가 '돌파해라, 이렇게 스트레스를 받으면 곧 신장이 망가진다'고 하더라고요. 신장이 망가지면 끝이니까 그때 마음을 다스리기 위한 책을 모두 찾아 읽었습니다.

'지금부터는 내 탓'이라는 큰 깨달음

- 『너는 다시 외로워질 것이다』에 "그러므로 고통이 오면 우리는 이 고통이 내게 원하는 바를 묻고, 반드시 변할 준비를 해야 한다. 이것은 그동안 우리가 가졌던 틀이 이제 작아지고 맞지 않음을 알려주는 것이다"라고 쓰셨어요. 앞서 말씀하신 자기 고통에 대한 객관화와 공부와 연결되는 문장이라고 생각하는데요.

『착한 여자』 쓸 때 너무 놀라운 생각을 했다고 했잖아요. 그때 두 번째 이혼하고 나서 완전히 파산한 채 아이를 데리고 엄마 집 문간방으로 들어갔어요. 이미 세 권의 베스트셀러를 낸 유명 작가인 내가 방이 작아서 짐도 못 푸는 데로 왔으니 그 분노를 다스릴 수가 없었는데요. 이런 생각이 들었어요. '그래, 저 사람은 정말 나쁜 인간이고 지금까지는 다

저 사람 탓이라고 치자. 근데 이제부터는 내 탓이야.' 이걸 깨닫는 게 너무 중요해요. 제게는 천사의 목소리였죠. 그런 깨달음이 온다는 게 쉽지 않으니까요. 그래서 쌓아둔 짐들 사이에 겨우 상을 펴놓고 거기서 소설을 쓰기 시작했어요. 그때 또 많이 성장했거든요.

나중에 보니까 부처님이 이를 '두 번째 화살'이라고 하셨더라고요. "첫 번째 화살은 누구나 맞을 수 있고 네 탓이 아니다. 그러나 두 번째 화살은 네가 스스로에게 쏘는 것이고 그건 맞으면 안 된다"는 유명한 이야기예요.

고통스럽지만
자기 자신의 문제점 찾기

지금도 어떤 일을 당하면 상대가 나쁜 사람이었다고 해도 '내가 어떤 빌미를 제공했을까? 내가 고쳐야 할 건 무엇일까?'를 생각하거든요. 속상하죠. 아무리 생각해봐도 자기가 잘못한 게 없을 수도 있고요. 마음이 아프고 고통스럽지만 거기서 자신의 결점들을 찾아내야 발전할 수 있습니다.

이런 고민들 많이 하잖아요. 만약 상사나 주변 사람들이 자기를 계속 무시한다면 반성을 해봐야 해요. 후배가 누가 자기를 무시한다고 하는데 들어보니 상대가 무시하는 게 맞더라고요. 그 고민을 두세 번을 하기에 "내 생각에 그 사람이 너를 무시하는 게 맞고 예의가 없는 게 맞아. 근데 우리가 아무리 욕을 해봐야 해결이 안 되고 속이 시원해지는 것도 아니니까, 어떻게 하면 이 문제를 해결할 수 있을지, 무엇이 생산적인지를 생각해보자. 네가 사람을 대하는 방식에 무시받게 하는 게 있지 않았는지, 네가 대답을 할 때 과잉 친절을 보이고 마치 다 해줄 것처럼 행동하지는 않았는지를 생각해보자. '이 정도는 아무것도 아니에요'라는 게 별말 아니지만 이를 이용하려는 인간들에게는 빌미를 제공하는 거야"라고 했는데 후배가 싫어하더라고요. 그래서 "이런 말이 듣기 싫고 아픈 건 맞지만 생각해봐야 해"라고 했거든요.

저도 예전 남편이 처음으로 폭력의 조짐을 보였을 때 내 마음과 태도에 어떤 문제가 없었는지를 반성해요. 분명 조짐이 있었는데 놓친 거니까요. 폭력성은 점점 커져가거든요. 그 후로는 더 예민하게 관찰하고 반응하고 거리를 둡니다. 그래야 상대도 선을 안 넘고 관계를 정리할 수 있는데 우리 대부분 다 실기失期해요. 그러니까 더욱 예민해져야 합니다.

서사 부여하지 않기

또 하나, 이건 제가 가진 특징인데요. 오랫동안 나를 골

탕 먹인 습관이에요. 저는 무슨 일을 당하면 '저 사람은 왜 저러지?'라는 생각을 굉장히 많이 하면서 심리학 책도 찾아서 읽고 그 사람 어린 시절도 떠올리면서 온갖 서사를 부여했어요. 근데 그런 말 하잖아요. "범죄자에게 서사를 부여하지 마라. 알고 싶지 않고 알 필요도 없다"고요. 이를 나한테 잘못하는 사람에게도 적용해야 해요.

어느 순간부터 '이건 악의 신비다. 내가 풀 수 없다'고 생각하는데요. 요즘에는 가족이라도 무례하게 행동하면 아무런 서사를 적용하지 않아요. '선 넘은 건 선 넘은 거야' 하고 여기서 끝내니까 마음이 편하고 오히려 문제도 쉽게 풀리더라고요. 저는 주로 상대하지 않는 식으로 대응합니다.

이런 내용으로 강연을 하면 젊은 여성들이 "그러다가 친구가 한 명도 안 남으면 어떡해요?"라는 질문을 꼭 하더라고요. 그래서 "그런 친구를 백 명 두는 게 뭐가 중요해요? 그리고 그런 사람은 친구도 아니에요" 하면 "그래도 외롭잖아요"라고 의외로 이런 말을 많이 하더라고요.

작가님은 뒤뜰에 고양이들이 와서 물 마시고 밥 먹고 쉴 수 있는 자리를 마련해두고 계신다. 인터뷰를 하는 도중 작고 마른 고양이가 찾아오자 얼른 통조림을 내주셨다. 늘 오는 녀석인지 "얘는 통조림을 줘야 해요"라고 했다. 작고 약하니까 더 신경 써서 습식

사료를 주는 것이다.

전에는 이렇게 찾아오는 고양이들에게 이름을 붙여줬는데 그 후에 더 이상 보이지 않게 되자 마음이 아파서 이제는 이름을 붙이지 않는다고 했다. 혹시 이름을 잘못 지어서 그런가 하는 염려 때문이라고 했다.

동그마니 앉아 열심히 배를 채우는 고양이를 가만히 보았다. 그나마 다행이라고 생각했다.

아아, 이름의 신비를 아십니까? 저는 왜 하느님이 아담에게 동물들의 이름을 손수 붙이라고 했는지 그때 알게 되었습니다. 그것은 이제 어떤 의미로 서로 맺어진다는 것을 뜻하지요. 인형에게 애완견에게 혹은 고양이에게 이름을 붙이는 순간 그것들이 나와 관계를 맺게 되고 모든 관계를 맺은 것들은 추억이라는 것을 공유하게 되듯이 말이지요.

◆ 『높고 푸른 사다리』 가운데

당신이 외로운 이유

- 많은 사람들이 하는 말인데요. 휴대폰 연락처에 저장된 이름은 많은데 정작 필요한 순간에 연락할 사람은 없잖아요. '친구'라는 카테고리에 들어 있지만 만나고 집으로

돌아오면서 '나 오늘 얘를 왜 만났지? 그냥 집에서 쉴걸' 하는 느낌을 받기도 하고요. 그런데도 외로울까 봐 과감하게 내치지 못하는 게 현실이기는 합니다만, 만나서 더 외로운 경우도 있잖아요. •

어디선가 '자기 자신과 잘 지낸다면 외롭지 않습니다'라는 메시지의 문장을 읽고 너무 놀랐는데요. '당신이 외로운 이유는 옆에 사람이 없어서가 아니라 자기 자신과 잘 지내지 못해서입니다'라는 거예요.

저 역시 나 자신의 마음에 귀를 기울이지 않고 항상 모든 일에 남을 탓했고요. 남에 의해 기분이 좌지우지됐고, 나 자신에게 '넌 지금 무슨 고민이 있으며 무슨 생각을 해? 무엇을 원해?'라는 걸 한 번도 물어보지 않았던 것 같아요. 그때 외로웠어요. 남이 나를 불러주고 칭찬해주면 기쁘고 남이 나를 미워하고 모욕하면 내 인생이 끝날 것처럼 외로워지고 그랬는데, 그건 아니잖아요. 근데 의외로 사람들이 자기 자신이 무엇을 원하는지 몰라요.

외로운 게 아니라 정신이 없는 것

심지어 '네 마음대로 한다면 무엇을 하고 싶어?'라는 질문을 자신에게 해본 사람도 별로 없어요. 그냥 '나는 지금 뭐가 부족해. 시간이 없어 돈이 없어, 피곤해' 이러고 있으면 외로워요. 성경 〈시편〉(35절 12편)에 보면 "그들이 제게 선을 악으로 갚아 저는 외로운 홀몸입니다"(가톨릭『성경』)라고 나와요. 이럴 때 '외롭다'는 말을 쓰는 게 맞아요. 아니면 예를 들어 사람들이 다 히틀러가 좋다고 하는데 아무리 생각해도 나는 그렇지 않아요. 그래서 열심히 말했는데 아무도 내 말을 안 들어준다면 외로운 게 맞아요.

근데 그냥 외로운 건 외로운 게 아니고 정신이 없는 거예요. 그러니 정신을 차려야 합니다. 지금 내 곁에 아무도 없다면, 내가 혼자 있었을 때 무엇을 하면 가장 만족스러웠는지 생각해보세요. '내가 행복했던 때가 어떤 상황이었지?' 하는 걸 의외로 안 찾아보거든요. 이걸 찾아보면 거기 열쇠들이 있습니다.

우리에게는 분명히 그런 순간들이 있어요. 어렸을 때부터 통틀어서 내 옆에 누가 없어도 편하고 행복했던 기억들을 찾아보면서 자기 자신에 대해 열심히 탐구하고 알아내야 해요. 그러면 외로움이 많이 없어집니다.

혼자서 행복했던 그때

『너는 다시 외로워질 것이다』에 나 자신에게 "넌 어느 때 행복해?"하고 처음 물어봤다고 썼어요. 생각해보니 남과 함께 있을 때도 행복했지만 처음으로 내 방이 생겼을 때, 시골집 텃밭에서 푸성귀를 따고 돌아섰을 때 행복했어요. 지금 생각해도 행복해요. 아무것도 아니었지만 너무 기뻤거든요. 그런 것들을 찾아내야 해요.

집에서 혼자 과자에 맥주 마시면서 영화 보는 걸 좋아하는 사람도 있고, 좋은 음악을 집중해서 들을 때 행복해하는 사람도 있고, 좋은 책을 읽어내고는 뿌듯해하는 사람들도 있죠. 혼자서 행복했던 시간을 찾아내서 '내가 궁극적으로 원하는 게 무엇이고 세상 사람 모두가 나를 버려도 내가 자족할 수 있는 게 무엇일까?'를 생각하고 나면 그다음부터 사람을 끊어낼 수 있는 힘이 생기더라고요. 그러지 않으면 항상 불안해요. '내가 아쉬울 때 그래도 쟤가 있어야 할 텐데'라고 생각하면 불안하죠.

얼마나 울었는지, 얼마나 헤매었는지. 여기가 죽어서 간다는 그 지옥이구나 싶은 시간도 있었다. 외로움을 견디지 못하고 초대받지 않은 자리에 끼어들었던 많은 날들도 있었다. (…) 구원, 아니 도움은 내 안에서 온다는 것도 모르고 끈질기게 밖에서 구원을 찾으려고 저잣거리를 기웃거렸던 날들.

♦ 『너는 다시 외로워질 것이다』 가운데

인생이라는 캔버스를 크게 키워
결점을 작게 만들면 됩니다

● 강연에 오신 분들이 주로 자신들의 상처와 고통받는 문제들에 관한 질문을 한다고 하셨어요. 많이 받는 질문 가운데 이 책의 독자들과 나눌 만한 중요한 내용이 있으면 소개해주세요. ●

이 이야기를 해봅시다. 강연 가면 이런 질문을 많이 받거든요. 한 엄마가 울면서, 일곱 살짜리 딸이 있는데 자기가 상처를 너무 많이 줘서 아이가 벌써 삐뚤어지는 것 같은데 어떻게 하면 좋으냐고 묻더라고요. 그래서 제가 "생각해보면 당신도 어렸을 때 엄마에게 받은 상처가 있을 것이고 한번 받은 마음의 상처는 절대로 없어지지 않는다. 그래도 다행히 일곱 살이라서 방법이 있다"고 답을 했어요.

예를 들어 작은 도화지에 잉크를 엎질러서 반이 까맣게

됐다고 생각해보세요. 이 잉크 자국을 없애는 데 가장 좋은 방법은 도화지 전체를 크게 키우는 거예요. 점점점 크게 만드는 거죠. 어차피 우리 인생은 계속 늘려가게 돼 있어요. 살면서 경험이 쌓이니까요. 그렇게 배경 자체가 커지면 상대적으로 잉크 자국이 점점 작아질 테고요. 또 다른 부분을 아름다운 색깔로 채우면 검은 얼룩이 약간 포인트가 될 수도 있는 거죠.

이게 인생을 사는 데도 적용할 수 있는 아주 중요한 방법입니다. 자신의 결점을 없앨 수는 없어요. 하지만 그 대신 다른 장점들을 만들면 이 결점이 약간 매력 포인트가 될 수도 있거든요. 장점을 많이 만들면 약간의 결점은 오히려 인간미 있게 보일 수도 있잖아요. 근데 결점에만 집중하면 고쳐지지도 않고 나머지도 다 왜곡돼버려요. 그러니까 결점에 집중하지 말고 장점을 만들어내도록 노력해야 합니다.

인생이 그런 것 같아요. 제가 세 번째 이혼을 했을 때가 갓 마흔이었어요. 근데 그때의 저는 '나는 늙었고 내 인생은 완전히 망쳐졌다'고 생각했거든요. 너무 절망스러웠어요. 근데 지금 돌아보니까 마흔밖에 안 된 나이였어요.

- 너무 젊은 나이였네요. 지금 같으면 초혼을 할 수도 있습니다.(웃음)

그러니까요. 근데 그때의 저는 '내 인생 이제 어떡하지? 어쩌다가 이렇게 됐을까?' 하면서 힘들어했어요. 하지만 한편 '여태까지 너무 억울하게 살았으니까 이제부터 나 하고 싶은 거 다 하자'라는 생각도 했거든요. '그동안 결혼 생활에 억눌려서 못 한 것들 이제부터 다 하자' 한 거예요. 마침 책이 잘되는 덕에 수입이 늘었고 집안일 도와주는 아주머니도 계셨으니까요. 골프도 새로 배우고 친구들이랑 여행도 다니면서 너무 재미있게 지냈어요.

근데 그렇게 지내면서도 내 인생이 회복되리라는 생각은 안 했어요. 7년 정도 그렇게 보냈을 거예요. 놀러 다니려고 글도 아주 열심히 썼어요. 돈을 벌어야 하고 마감도 맞춰야 하니까 새벽같이 일어나서 글을 쓰고 놀러 가는 거예요. 놀기 위해서는 글을 빨리 써서 보내야 하니까요.(웃음) 그래서 오히려 그때 글 생산량이 가장 좋았어요. 젊었으니까 가능했겠죠.

나를 죽이지 못하는 고통은
나를 더 강하게 만든다

그다음에 기도를 하는데 기도의 응답이랄까, '가만히 있어라'라는 메시지가 계속 오는 거예요. 그래서 '저는 달리기를 너무 싫어하지만 지금부터 학교 운동장 가서 열 바퀴씩 뛰어라 그러면 매일 뛰겠고, 지금부터 장편을 세 권 써라 그러면 쓰겠고, 어떤 노력을 해라 하면 하겠는데요. 저보고 가만히 있으라는 건 거의 불가능한 거예요. 가뜩이나 불안한 상황인데 가만히 있을 수가 없잖아요'라고 기도했어요. 뭐라도 해야 불안이 해소되잖아요. 그렇게 아홉 달을 지냈어요. 아무것도 안 하고 수동적인 상태로 보복도 안 하고, 욕도 안 하고, 어디 가서 하소연도 안 하고요. 침묵 속에서 가만히 있기를 아홉 달 정도 하고 나니까 사람이 바뀌더라고요. 너무 값진 경험이었습니다.

니체의 말처럼 '나를 죽이지 못하는 고통은 나를 더 강하게 만드는' 거예요. 그다음부터는 가만히 있을 수 있게 됐어요. 불안해서 움직임이 커지면 점점 더 불안하거든요.

나를 발견하는 시간

- 흔한 표현이지만 '인고忍苦'의 시간을 보내고 값진 열매를 얻으신 거네요.

불안해서 자꾸 뭔가 액션을 취하니까 내가 내향적인 사람이라는 걸 더더욱 몰랐어요. 그전에도 만나는 사람만 만나고 웬만하면 사람들과의 관계를 끊고 혼자서 지내는 시간들은 있었어요. 그러고 나면 에너지가 좀 생겨서 다시 나와서 활동을 할 수 있었는데요. 잘못된 결혼 생활들을 치유하는 기간이라고 생각했던 거예요. 내가 내향적인 사람이라서 혼자 있을 때 에너지를 얻는다는 사실을 잘 몰랐던 거죠.

그때 아홉 달 동안 혼자 가만히 있었던 게 나를 찾게 해주는 굉장히 큰 경험이었어요. 물론 기도도 열심히 하고 침묵 속에서 하는 가톨릭 명상도 했어요. 인생에서 아주 큰 고비를 하나 넘기는 기간이었던 것 같아요. 책도 많이 읽었죠. 가톨릭 책부터 불교 책까지 마음을 다스리는 데 도움을 주는 책들을 찾아서 읽었어요.

그때는 지금처럼 마음 수련 관련 책이 많지도 않았는데요. 제가 제일 좋아했던 『아직도 가야 할 길』의 스캇 펙 박사부터 시작해서 앤서니 드 멜로 Anthony de Mello 신부와 나중에 수없이 많이 인용했던 안젤름 그륀 Anselm Grün 신부 같은 사람들의 책을 거의 뚫어지게 읽었어요. 요새 책 쓰려고 그 책들을 다시 꺼내서 밑줄 친 걸 보니까 그 내용들이 이미 제게 다 스며들어 있더라고요. 거기서 많이 배운 거예요.

그 수많은 책을 읽고 연습하고 또 연습하면서 나 자신을 훈련시키고 그 훌륭한 분들이 말하는 것들을 종합해보니까 결국 '지금 여기 나 자신'이더라고요. 훌륭한 책들의 가르침

속에는 이 세 단어가 응축돼서 들어 있는데요. 먼저 '지금 여기'에 대해 이야기해볼게요.

하느님의 달력에는
지금 이 순간만

● 톨스토이도 「세 가지 질문」에서 '세상에서 가장 중요한 때는 지금 여기'라고 했는데, 작가님도 같은 말씀을 하시네요. 요즘 인기 있는 실존주의 철학에서 말하는 바와도 연결이 되고요. ●

진리는 다 통하죠. 『즐거운 나의 집』에 "힘이 들 때면 오늘만 생각해. 지금 이 순간만. (…) 그런 말 아니? 마귀의 달력에는 어제와 내일만 있고 하느님의 달력에는 오늘만 있다는 거?"라고 썼잖아요. 저는 과거 생각은 많이 안 하는데 다가올 일에 대해서는 걱정해요. 근데 젊은 후배들이 의외로 지나간 일에 대한 생각을 많이 해서 놀랐어요. '그때 이렇게 했어야 하지 않았을까'라면서 후회와 회한을 많이 하더라고요. 그래서 제가 "지나간 일에 대한 생각을 뭐 하러 하니? 차라리 내일에 대해서 걱정하면 오늘 뭐라도 할 수 있지만 어제에 대해 생각해봐야 할 수 있는 게 하나도 없어"라고 말했는데요.

되돌릴 수 없는 지나간 일에 대해서 자꾸 생각하는 건 무의미합니다. 가톨릭에 "회개하는 것은 하느님의 일이지만 죄책감은 마귀가 주는 것이다"라는 아주 중요한 말이 있어요. 회개는 우리를 앞으로 나아가게 하지만, 죄책감은 계속 과거로 끌어들이거든요. 죄책감을 느꼈으면 회개하고 보상할 건 보상하고 앞으로 나아가야 하는 거죠.

오늘 하루 억울하지 않게 보내기

또 하나는 어느 날 보니까 '하느님, 제가 이혼하지 않게 해달라고 그렇게 기도했는데 그 기도 안 들어주셔서 너무 감사해요'라는 생각을 하고 있더라고요. 약간 충격을 받았어요. '내가 이런 기도를 한다고?' 그러면서 '이혼 안 했으면 어떡할 뻔했어요. 아직도 칙칙한 결혼 생활 속에서 눈치 보면서 살았을 텐데요. 그러면 글도 못 썼을 테고요. 진짜 감사합니다'라고 하는 거예요.

그때 알았어요. '기도가 이뤄지지 않는 게 때로는 행운이구나. 그리고 내가 지금 좋다고 생각하는 게 꼭 좋은 게 아니구나' 하는 걸요. '내 인생을 바꾸겠다'는 생각은 없었고 '오늘 하루 억울하지 않도록 재미있게 살겠다'는 결심을 하고 어느덧 10년을 지내고 보니까 이혼의 기억들은 희미해져버

렸더라고요. 물론 그사이에 상처들은 가끔씩 불쑥불쑥 올라왔지만 세월은 계속 흘러가잖아요. 저는 계속 열심히 재미있게 지냈거든요. 그렇게 10년, 그다음에 여기로 내려와서 10년이 되어가니까요. 지금은 기억도 안 나요. 여유가 많이 생겼죠.

그건 내 소관이 아니다

    2000년대 후반부터 우리가 '회복탄력성'이라는 개념을 쓰기 시작했는데요. 제가 얻은 몇 가지 큰 깨달음이 있어요. 첫 번째가 '내가 할 수 있는 것과 할 수 없는 것을 정확히 구분하자'인데요. 정말 중요한 말입니다. 얼마 전에도 한 독자분이 "선생님, 내일이 너무 불안해요"라고 하는데 제가 "내일이 불안하다면 불안해해야죠"라고 답했어요.

    우리가 '내일 소풍 가는데 비 오면 어떡하지?' 하는 종류의 걱정을 많이 하는데요. 날씨를 우리가 어떻게 하겠어요. 일기 예보 보고 '비가 온다' 그러면 '우산을 준비'하고 '날이 춥다' 그러면 '방한복을 준비'하는 게 우리의 할 일이에요. 그것 말고 무슨 일을 할 수 있어요? 날씨 걱정은 하지 마세요. 날씨는 내 소관이 아니에요. 이걸 깨닫는 순간 인생이 많이 바뀝니다.

받아들임

생각해보면 우리가 할 수 있는 일이 별로 없거든요. 그래서 결론은 받아들이는 거예요. 이게 두 번째 깨달음입니다. '수용하기' 그리고 거기서 '좋은 점 찾아내기'. 받아들일 수밖에 없으니까 받아들이는 게 맞아요. 거부한다고 거부되지도 않고 자기 에너지만 쓰는 것이거든요.

그래서 『너는 다시 외로워질 것이다』에 "**나는 이제 고통이 오면 전과 23범처럼 순순히 수갑을 찬다**"고 쓴 거예요. 빨리 받아들이는 게 덜 고통스럽습니다. 피동적으로 주어지는 고통을 순순히 받아들이고 거기서 자기가 무엇을 할 수 있을지를 생각해야 해요. 근데 대부분의 고통은 내가 작아서 옵니다. 내가 협소하고 어려서 오는 거예요. 그런 고통이 요구하는 건 '이 고통을 기회로 너는 더 성장해야 한다'는 거고요.

건강한 좌절

다른 측면에서도 설명을 해볼게요. 자기심리학의 창시자라고 하는 하인츠 코헛Heinz Kohut의 책에 '아이들에게 건강한 좌절Optimal Frustration을 줘야 한다'고 나와요. 어린 시절에 '네가 원하는 걸 다 가질 수 없다'는 좌절감을 느끼도록 연습시키는 걸 말하는데요. 굉장히 좋은 말이에요.

사실 부끄러운 고백을 하나 하자면요. '나이를 먹어가고 성숙한다는 건 결국 내가 신이 아니라는 걸 깨달아가는 과정이었다'는 걸 알았어요.

예전에는 노력하면 다 되는 줄 알았어요. 노력하면 성적이 오르고 칭찬도 받고요. 그 생각이 깨지기 시작한 건 결혼생활을 하면서부터였는데요. 아무리 노력해도 안 되는 건 안 되더라고요. 인간관계도 그렇죠. 또 글쓰기도 노력으로 되는 건 아닌데요. 그나마 다른 것보다는 좀 나아요.

나이 들어가면서 '인간관계' '날씨' 또 '나라의 상황' 등 이런 건 내가 아무리 노력해도 어떻게 할 수 없다는 걸 알았어요. 이를 알아가는 과정 속에서 '내가 할 수 있는 일과 할 수 없는 일을 구분해보니 내가 할 수 없는 일이 거의 다라는 걸 알았다'는 게 저의 성숙이었던 것 같아요.

그러니 어린 시절부터 '네가 가지고 싶다고 가질 수 있는 게 아니야'라는 걸 가르치고 '그렇다고 실망할 일이 아니야, 그렇다고 실패한 게 아니야'라는 걸 알려줘야 하는 거예요. 이런 '내려놓기' '비움', 또 '내어 맡김'이라고도 할 수 있는 게 필요합니다.

- 작가님이 종종 하는 말씀이네요. "제 뜻대로 말고 하느

님 뜻대로 하소서"라고 하시잖아요. 이런 마음이 어차피 내가 바라는 대로 안 될 거야 하면서 '방임'하거나 '포기'하는 것과는 구분되는 거고요. '내려놓음'이란 할 바를 하고 겸허하게 결과를 기다리는 자세 같은 걸 말씀하시는 거죠? ●

구분하는 거죠. 예를 들면 제가 요즘 꽃에 물을 열심히 주는데도 날이 가물어서 꽃들이 시들어요. 특히 수국 때문에 마음이 아프지만 '비가 좀 오면 좋겠다' 하고 바랄 뿐인 거죠. 물은 매일 열심히 주지만 비가 오게 할 수는 없고 결국 꽃이 시드는 것도 막을 수는 없어요. 안 되는 게 있는 거죠. 우리가 하늘을 쳐다봐야 할 때가 있는 건데, 그걸 구분하자는 거예요.

이럴 때 '왜 비가 안 오는 거야. 날씨가 거지 같아' 이러면 나만 손해예요. '무슨 뜻이 있겠지. 내가 더 열심히 물을 줘야 하나 보다'라고 생각하는 게 '내려놓음'이에요. 살면서 포기할 건 포기하는 게 굉장히 중요합니다. 이런 포기 말고 다 포기하는 건 막 사는 거고요.

**고통 덕분에
깨달은 것들에 대한 감사**

다음으로 '나 자신'에 대해서 생각해보면요. 여러 스펙트

럼의 나 자신이 있어요. 제가 결국 '그 남편 덕에 신앙을 되찾고 마음공부도 했으니 고마워해야겠다'라는 생각까지 하게 됐거든요. 그래서 감사해요.

그러고 나서 또 크게 겪은 일이, 어떤 신부의 비리를 고발했는데 그 사람한테 고발을 당해서 9시 뉴스에까지 나오고 했던 거예요. 그 당시 저를 도와주셨던 신부님이 얼마 전에 지리산으로 휴가를 와서 같이 식사를 했는데, 대화를 하다가 "돌아보니까 그분 덕에 제 신앙이 엄청 자랐어요. 그래서 너무 감사해요"라고 하니까 신부님이 굉장히 놀라더라고요.

그전까지는 신실하고 독실한 가톨릭 신자들은 진실을 말하면 다 알아들을 거라고 생각했어요. 거대한 착각을 하고 있었던 거죠. 그들도 다 인간적 약점과 결함과 왜곡된 시선들을 갖고 있는데요. 제가 그 착각에서 벗어나 세상을 있는 그대로 보게 되니까 오히려 환멸이 덜해졌어요. 그래서 그분에게도 감사해요.

● 『의자놀이』도 좋은 의도로 쓴 책인데 생각지도 못했던 공격을 받으셨잖아요. 쌍용자동차 해고 노동자들을 돕고자 인세도 받지 않고 하신 일인데요. 그래서 "선의에서 한 일이 꼭 선의로 돌아오는 건 아니다"라고 말씀하셨습니다. ●

그랬죠. 『의자놀이』를 쓰고 나서는 '누군가를 도와주려고 할 때는 저 사람들이 돌아서서 내 욕을 하고 모함을 해도 괜찮다, 그런다고 해도 돕고 싶다는 생각이 들면 그때 돕자'라고 결심했거든요. 그게 나 자신을 지키는 길이더라고요. 안 그러면 너무 큰 상처를 받아서 차라리 안 도와주느니만 못하게 돼요. 근데 『의자놀이』 때만이 아니고 그전에도 기부를 한 일이 많은데 매번 배신을 당했어요. 특히 운동권 사람들에게요.

요새도 도울 일이 있으면 그런 생각을 하고 나서 돕는데 그렇게 하면 배신도 안 당하더라고요. 물론 운동권에는 더 이상 돈을 안 내요. 제 결론은 운동권이라는 사람들은 결국 권력욕의 다른 이름이라는 거예요. 그 안에서 진짜 순수했던 사람들은 중간에 죽거나 도태당했어요. 제가 준비 중인 『오월에 죽다』라는 소설에 그런 이야기를 쓰려고 해요.

한 번뿐인 내 인생이 가고 있다
그러니 이렇게 살 수는 없다

● 작가님은 어려운 상황에서도 무너지지 않고 열심히 돌파구를 찾으려 고군분투하는 모습을 보여주시죠. 앞에서 설명한 '회복탄력성'이 크다고 할 수 있는데요. "고통과 고초를 겪고도 꺾이지 않고 당당히 잘 사는 모습이 사람들에게 위로를 주는 것 같다"는 말씀도 하셨습니다. 그런 힘은 어디서 오는 건가요? ●

제가 항상 하는 생각은 '내 인생이 너무 아깝다. 지금도 지나가고 있어. 오늘도 내 인생의 어떤 날인데' 하는 거예요. 그 생각을 잊은 적이 없어요. 그래서 고통과 절망 속에서도 빨리 일어설 수 있었어요. 이 생각 다음에 따라오는 게 앞에서 말한 '그래, 지금까지는 다 그 사람 탓이었지만 지금부터는 내 책임이야' 하는 거고요.

자존감을 쌓아
자긍심을 얻는 방법

● 이런 말씀을 들으면 '자존감이 높아서 회복이 빠르신가 보다'라는 생각이 드는데, 작가님이 지난번에 '나는 자존감이 좀 부족한 사람'이라고 하셨어요. ●

제가 자존감이 좀 부족한 사람이었던 건 맞아요. 자존감을 만들어낸 거예요. 먼저 자존감과 자존심을 구분해봅시다. 감정은 세밀하게 분류할수록 힘이 세지거든요. 어떤 심리학자에 따르면 '자존감은 혼자 있을 때 느끼는 자기 자신에 대한 감정'이고 '자존심은 남에게 어떤 일을 당했을 때 느끼는 감정'이라고 하더라고요. 자존감이 강한 사람은 남에게 무슨 일을 당했을 때 자존심은 좀 상해도 자존감이 흔들리지는 않는다고 해요.

스캇 펙 박사도 자존심과 자존감에 대해서 자존심이 중요한 사람은 어떤 순간에 자존심을 위해 자기 자신을 희생할 수 있고, 자기 자신이 중요한 사람은 자기 자신을 위해 자존심을 내려놓을 수도 있다고 말했어요.

룰을 지키며 살았다는
자기 확신이 주는 자존감

　제가 가진 자존감은 '내가 나쁜 짓을 하지 않았다는 확신'에서 왔어요. 예를 들면 결혼 생활 중에 바람을 피웠다던가 남편이 돈을 안 준다고 나도 안 준다거나 하지 않았어요. 사람들은 바보 같다고 했지만 저는 사랑이라고 생각해서 가진 걸 다 줬고 내 사랑에 최선을 다했어요. 그게 내 자존감이 된 거예요. '나는 어떻게든 맞춰서 살아보려고 성격도 다 죽이면서 열심히 노력했고, 그 시간이 그리 짧지 않았는데도 안 되니까 이건 할 수 없는 거다' 한 거예요. 그게 제가 가진 자존감이에요.

　2011년에 이상문학상 대상을 받은 「맨발로 글목을 돌다」에 "운명이라는 것에 대해 생각했습니다. 왜 착한 사람들에게만 저런 일들이 일어나는지 나는 그것이 알고 싶다고 생각했었습니다"라고 썼는데요. 그러다 어느 날 '자기 스스로에 대한 자긍심을 가지고 있는 사람만이 그 운명과 맞설 수 있다'는 답을 얻었어요. 어떤 경우든 자긍심은 굉장히 중요합니다. 그 자긍심은 '내가 룰을 어기지 않았고 노력을 하며 살아왔다'는 데서 오는 거예요. 굉장히 중요한 덕목입니다.

　결국 자기가 자존감을 만들어가는 건데요. 제가 잘 사는 집에서 태어났고 명문대를 나왔고 또 베스트셀러 작가여서 자존감이 생기는 게 절대로 아니고요. '내가 항상 룰을 지켰고 하물며 교통신호를 어긴 적도 거의 없고, 사람들의 뒤통수를 치지 않았으며, 허튼짓을 하지 않았고, 나 스스로 부끄러운 짓을 하지 않았다'는 게 계속 쌓여서 자존감을 형성하는 거예요. 너무 중요한 이야기입니다.

룰을 지키고 남에게 폐를 끼치지 않으려 노력하고 살아온 것이 결국 자긍심을 갖게 해준 거죠. 이는 제가 어떤 책에서도 읽어보지 못한 이야기예요.

- 자존감과 자긍심의 관계에 대해서 확실히 이해가 되네요. 또 우리가 자존심이랑 자존감을 혼동하기도 하는데 그렇게 구분해서 보니까 명확하게 들어옵니다.

자존심과 자존감과 자긍심에 연관된 제 이야기를 하나 더 해볼게요. 대학 때 F를 받은 적이 한 번 있어요. 영미비평 과목 시험을 보러 갔는데 비평 개념들로 괄호를 채우는 거였어요. 일종의 단어 시험이니 난도가 높은 건 아니었지만 실망했죠. 작품 비평을 배우려고 수강한 건데 영어 단어 시험이 나오니까요.

저는 10분 만에 덮고 나왔어요. 다른 애들도 시험 형태가 황당하니까 어리둥절한 표정인데 안 나가더라고요. 제가 나오면서 슬쩍 보니까 책상 밑에 책을 펴고 있어요. 다들 학교 다닐 때 1등 하던 애들일 텐데 커닝을 한다는 게 충격적이더라고요. 그렇게 해서 시험 잘 보면 자존심은 지킬지 모르지만 자긍심은 깎이는 거예요. 저는 당당히 F를 받고 재수강을 했는데 그다음에는 괄호 채우는 시험이 아니라서 C인가 D를 받았어요. F를 받았지만 제 자존감에 흠이 나거나 자긍심이 깎이지는 않은 거죠.

내 몸을 소중히게 여기는 데서
오는 자긍심

또 정조와 순결을 소중하게 여기는 것도 자존감을 쌓고 자긍심을 갖는 데 굉장히 중요해요. 딸이 대학 들어갈 때 "세 번이나 이혼했지만 문단에서 엄마를 함부로 무시하는 남자는 없어. 문단이 여자들을 우대해서가 절대 아니야. 엄마가 남자들과 얽힌 추문이 하나도 없기 때문이야. 남자들이 술 마셔도 엄마에게는 함부로 하지 못해. 그러니까 남자와 잠자리를 한다면 정말 결혼할 마음이 있는 사람과만 해야 하고, 그러지 않는다면 네 이야기가 술자리 안줏거리가 된다는 걸 명심해"라고 말해줬는데요. 자기 몸을 소중히 여기는 것도 자긍심에 들어갑니다. 이건 여자들뿐만 아니라 남자들도 마찬가지예요.

작가님이 점심 준비를 시작했다. 오늘의 메뉴는 스파게티다. 작가님은 소식가이지만 먹는 걸 좋아하고 맛있게 잘 드신다. 음식의 맛에 대한 호기심이 많고 요리도 즐긴다고 하신다.『딸에게 주는 레시피』를 쓴 작가님이 아닌가. 이곳으로 와서 사찰 음식도 배우러 다녔다고 했다.

스파게티와 함께 뒤뜰에서 뜯어 온 바질과 셀러리 등으로 만든 샐러드를 곁들인 식사였다. 신선한 재료로 만든 음식도 좋았지만, 사방이 고요한 곳에서 거칠 것 없이 펼쳐진 악양벌을 바라보며 먹은 한 끼는 잊을 수 없는 풍경으로 남아 있다.

성장해야 한다

● '회복탄력성' 개념이 유행하고 나서 2010년대 중반부터 '자존감'이라는 키워드가 떠올랐는데요. 오히려 요즘 자존감에 대한 열망이 강한 것 같아요. 사람들 사이에서 '자존감 높은 사람들의 특징' 같은 게 공유되고 그러거든요. ●

근데 이 사회는 우리가 자존감이 높기를 원하지 않아요. 특히 여성들이 높은 자존감을 갖기를 절대로 원하지 않습니다. 그러니까 자기 자신에 대한 자존감을 쌓아가도록 계속 연습해야 해요. 그러지 않으면 무엇으로 우리의 자존감을 지탱할 수 있겠어요?

● 자존감을 키우는 연습은 어떻게 하면 좋을까요? ●
『그럼에도 불구하고』에 썼는데요, 저는 전신 거울을 사방에 걸어두고 내 몸을 매일매일 봤어요. 그리고 예쁘다고 칭찬했어요. 누가 내 몸을 보고 예쁘다고 칭찬을 하겠어요? 나밖에 없잖아요. 그렇게 연습을 계속하고, 또 그에 걸맞도록 공부하고 배우기를 계속해야 합니다. 앞서 이야기한 그 시대 속에서 자신의 고통과 의미에 대한 자리매김을 할 수 있는 공부를 해야 하고요. 유튜브로 좋은 강연을 듣고, 특히 책 읽기를 게을리하면 안 됩니다.

멍한 채로 드라마만 보면 퇴보할 수밖에 없어요. 드라마는 중학교 2학년 수준에 맞추기 때문에 아무리 트릭이 뛰어난 드라마라고 해도 중2 수준이에요. 그런 수준으로는 이 세상을 살아가기가 너무 힘들어요. 아무 생각 없이 고민하지 않고 그냥 감각으로 즐기면 되는 것들은 우리를 발전시켜주지 않습니다.

고통 없이 얻어지는 건 없어요. 이해하려고 하고 '이게 뭐지' 하고 생각하는 건 힘든 일이죠. 사실 사는 게 피곤하니까 아무 생각 없이 틀어놓으면 시간이 잘 가는 드라마를 보거나 게임을 하는 것도 물론 가끔 필요해요. 근데 이런 활동에서 자존감이 생기지는 않아요. 어려운 것들에 도전하고 약간씩 성취해냈을 때 자존감이 생기는 거죠. 열심히 노력하는 나 자신에게서 자존감이 생기는 거지, 매번 똑같은 걸 하는 데서 뭔가를 얻을 수는 없습니다.

발전과 사고의 확장을 가져오는
건강한 고통의 경험

　제가 다음 작품 준비로 범죄 관련 유튜브들을 찾아보는데요. 거기 나오는 대부분의 범죄자들이 게임 같은 것들에 중독돼 있어요. 게임 자체가 나쁘다는 게 아니에요. 매일 게임만 하는 사람인데 게다가 자존감이 없으면 범죄를 저지르게 되는 거예요. 자존감이 없으면 막 살게 되거든요. 그러니까 멍한 채로 할 수 있는 것들을 많이 하면 안 됩니다.

　발전과 사고의 확장을 가져오는 건강한 고통들을 경험하는 게 매우 중요해요. 어렸을 때는 '사탕은 좋고 약은 싫어'가 사고의 전부잖아요. 근데 사고가 확장된다는 건 '사탕은 맛있지만 많이 먹으면 이를 썩게 해서 결국 내게 고통을 줄 수 있고, 약은 쓰지만 건강하게 해주기 때문에 결국 내게 기쁨을 준다'라는 걸 이해하는 거예요.

　우리 인생에는 이렇게 사고를 확장해가야 하는 게 굉장히 많습니다. 근데 이런 건강한 고통을 겪어내지 않고 중2의 언어를 알아들을 수 있다는 데 자족하고 머문다면 자신의 정신을 계속 퇴보시키는 거예요. 그러면 자존감은 점점 떨어지고 상대방이 나를 좌지우지할 수 있는 힘은 점점 커져요. 철학자 최진석 교수의 용어를 빌려 말하면 '세상에 적절히 대응하는 힘'이 너무 떨어져버립니다.

성장과 성숙이
가져다주는 것

저도 예전에는 '고통받기 싫어요. 그냥 이대로 살다 죽게 두세요. 고통이 성장을 백만 번 가져다준다고 해도 싫어요'라고 생각했거든요. 그러다 어느 날 제부도 바닷길 열리는 데를 갔어요. 아직 길이 열리는 시간이 아니라서 카페 2층에서 기다리고 있었는데요. 바닷길이 살살 열리니까 벌써 차들이 막 건너가기 시작해요. 아직 다 안 열렸는데 차에 탄 사람들의 시야에는 안 보이니까 들어섰는데, 중간에 물이 다 안 빠져서 웅덩이가 있으니까 못 가고 멈출 수밖에 없잖아요. 저는 2층에 있으니까 길이 열리는 게 너무 잘 보였거든요. 누군가 2층에서 상황을 보면서 더 기다렸다 출발하라고 했다면 중간에 멈춰 서서 곤란해지지 않았겠죠. 그때 성장이란 '위로 올라가서 안 보이던 걸 보는 거구나' 하고 알게 됐어요.

성장하고 성숙한다는 건 어렸을 때는 보지 못하던 게 보이고, 그래서 앞날도 어느 정도 예측이 가능해지는 거예요. 만약에 하늘까지 올라간다면 신의 눈으로 바라보게 되겠죠. 그렇게까지는 아니어도 하다못해 2층에만 올라가도 알 수 있는 건데요. 이렇게 성장을 해간다면 삶을 사는 데 좀 더 예측 가능한 게 많아지고 수월해지겠죠. 힘이 좀 덜 들겠죠. 그러니까 이런 법칙들을 이해해야 한다는 거예요. 이런 원칙이 있다는 것만 알아도 삶이 좀 더 수월해져요. 내가 꼭 그렇게까지는 못 하더라도 그럴 수 있다는 것만 알아도 많이 달라지는 것 같아요.

'마음의 근육을 키워라'라는 말을 많이 한다. 언제부터인가 '마음의 근육'은 일상에서 상용화된 말인데 『아주 가벼운 깃털 하나』라는 에세이집에서 공지영 작가가 처음으로 이 표현을 썼다고 한다. 이 밖에도 『도가니』에 나오는 '침묵의 카르텔' 역시 공지영 작가가 써서 대중적으로 알려진 표현이다.

성장하기 위한
마음의 근육 키우기

- '고통과 극복 그리고 성장'에 대한 이야기를 집중적으로 나눠봤습니다. 이 담론이 결국 '마음의 근육'을 키우는 문제로 수렴하는데요. 작가님이 말씀하신 것들을 내 것으로 만들려면 계속 연습하고 또 연습하는 방법밖에는 없잖아요. 그런 과정을 '마음의 근육'이라는 말로 너무 맞춤하게 표현을 하신 거고요.

마음의 근육을 키우는 연습은 너무너무 중요해서 제가 늘 이야기하는데요. 『즐거운 나의 집』에 **"자신이 원하는 것**

을 마음대로 하는 자유는 인내라는 것을 지불하지 않고는 얻어지지 않는다. 훌륭한 피아니스트가 자유롭게 피아노를 칠 때까지 인내하면서 건반을 연습해야 하는 나날이 있듯이, 훌륭한 무용가가 자연스러운 춤을 추기 위해 자신의 팔다리를 정확한 동작으로 억제해야 하는 나날이 있듯이, 자유를 얻기 위해서는 그것을 포기해야 하는 과정이 분명히 존재한다는 것을"이라고 썼잖아요.

피아니스트 임윤찬에 대한 다큐멘터리를 보니까 콩쿠르를 준비하면서 마지막 순간까지 혼자 연습을 하더라고요. 임윤찬만이 아니죠. 우리가 천재라고 하는 사람들도 부단히 연습을 하는데 우리가 무슨 수로 연습을 안 하고도 행복해지고 강해지고 자존감이 높아지고 쿨해지고 그러겠어요.

저 역시 엄청나게 실패했어요. 근데 그때마다 금과옥조金科玉條로 여기는 책들을 계속 읽으면서 10년 정도 지나니까 책에서 하라는 대로 조금 할 수 있게 되고 괜찮아지더라고요. 10년은 노력해야 해요.

'하루하루 책 읽고 공부하고 끊임없이 실패하면서도 또 생각하고 연습하면서 해나가라'는 말이에요. 그렇게 해야 바뀌죠. 처음부터 되는 사람은 없습니다. 이런저런 방법을 해보면서 '이건 좀 비효율적이다' 싶으면 자기에게 맞는 다른 방식으로 고쳐나가는 거예요. 저처럼 다혈질에 성격 급하고 감정 동요가 큰 사람도 할 수 있는 걸 보면 다른 분들은 더 잘 하실 겁니다.

우리 마음에도 근육이 있어요. 그 누구도 결코 처음부터 잘 할 수는 없습니다. 하지만 날마다 연습하다 보면 어느 순간 자기도 모르게 어려운 역경들을 벌떡 들어 올리는 자신을 발견하게 될 겁니다.

◆ 『아주 가벼운 깃털 하나』 가운데

그다음, 문학과 소설 쓰는 이야기

다행히 글쓰기 말고
아무 재능이 없어요

늦은 오후, 이른 저녁 식사를 하러 쌍계사 근처로 자리를 옮겼다. 관광지여도 평일 풍경은 한산하다.

저녁 식사를 하면서 『무소의 뿔』이 주는 문학적 울림과 반짝이는 센스와 여전히 유효한 문제의식에 관해 이야기했다. '절대로' '어차피' '그래도'라는 부사로 세 주인공의 인생관을 표현한 절묘함과 삶의 한 단면을 날카롭게 통찰해낸 문장들을 어떻게 써낼 수 있었는지를 물었다. 당시 작가의 나이는 서른에 불과했다.

놀라운 한편 그때의 젊은 공지영 작가에게 "그러니 세상의 모든 딸들, 건투를 빈다! 혼자서 가는 사람들이 많으면 실은, 함께 가는 길이다"라는 당신의 문장을 들려주고 싶었다.

이 소설은 이제 고전의 반열에 올랐다고 생각한다.

기획 단계에서 지승호 인터뷰어가 '공지영의 작법'에 대해 다루겠다고 했을 때 아주 좋은 주제라고

생각했다. 작가님도 이에 대해서는 책으로 말한 적이 없으니 이번 기회에 한번 정리해보자고 했다.

1989년 첫 장편소설 『더 이상 아름다운 방황은 없다』부터 시작해 『무소의 뿔처럼 혼자서 가라』(1993) 『인간에 대한 예의』(1994) 『고등어』(1994) 『상처 없는 영혼』(1996) 『봉순이 언니』(1998) 『공지영의 수도원 기행』(2001) 『우리들의 행복한 시간』(2005) 『즐거운 나의 집』(2007) 『네가 어떤 삶을 살든 나는 너를 응원할 것이다』(2008) 『괜찮다, 다 괜찮다』(2008) 『도가니』(2009) 『의자놀이』(2012) 『높고 푸른 사다리』(2013) 『먼 바다』(2020) 『너는 다시 외로워질 것이다』(2023)까지 베스트셀러를 그야말로 '쏟아내온' 작가가 '어떻게 쓰는지'가 궁금하지 않을 수 없다.

몇 년 동안 작가님은 지리산에서 '잃어버렸던 신성'을 흡수하며 꼭 필요했던 휴식기를 가지신 듯하다. 번아웃을 겪은 것 같다고, 글을 쓰지 않는 삶도 생각해봤다고 했다. 그러나 결국 글쓰기로 돌아왔고 요즘 다시 글을 쓰는 기쁨을 느끼고 있단다.

전에도 공백의 시간을 보내고 돌아와 좋은 작품들을 많이 썼듯이, 이 인터뷰집을 시작으로 작품들이 작가님 뜻대로 계획대로 나오면 좋겠다.

내 책들 (…) 참 많이도 썼다. 싶었는데 세월은 생각나지 않는 대신 이 글들을 쓰던 순간들은 오래된 영화보다 더 선명히 내게 떠올랐다. 그 책상, 그 타이프 소리, 덜컹이던 창문들, 나무들 (…) 젊었던 나. 그리고 글을 쓰지 않았다면 나는 아무것도 아니었을 거라는 자각이 한숨처럼 차올랐다. 그리고 동시에 내가 작가가 아니었다면, 내가 글을 쓰지 않았다면 (…) 이라는 가정을 한 번도 하지 않고 살아왔다는 것 역시 깨달았다.

◆ 『사랑은 상처를 허락하는 것이다』 가운데

인류를 지켜온
이야기의 힘

● 작가님, 미리 말씀드린 대로 '문학'과 '작법'에 관련된 질문들을 드리려고 합니다. 특히 작법에 대한 이야기가 기대되는데요. 하나씩 여쭤볼게요. 큰 질문으로 시작하겠습니다. 『시녀 이야기』를 쓴 마거릿 애트우드가 '문학적 상상력이 인류의 생존과 변화에 필수적'이라는 취지의 말을 했다고 합니다. 작가마다 생각하는 문학의 개념이 다를 텐데요. 작가님께서는 '문학의 역할'을 무엇이라고 생각하시나요? ●

강연할 때 문학의 역할에 대한 이야기도 자주 하는데요. 문화인류학에서 원시부족사회를 연구한 걸 보면 신화가 없는 부족이 없어요. 신화가 결국 이야기잖아요. 신화를 비롯해서 모든 전해 내려오는 이야기들은 주인공인 약자가 강자에게 고초를 당하다가 구제되고 승리한다는 구조를 가졌습니다. 예를 들면 「콩쥐 팥쥐」나 「신데렐라」 「헨젤과 그레텔」 등등 다 그렇죠. 인류는 문자가 없었던 시절부터 그런 이야기를 말로 전해왔는데요. 인간에게는 이야기 본능이 있다고 하잖아요.

그렇다면 왜 모든 인류가 같은 구조의 이야기들을 하고 있는가. 결론은, 이야기를 통해서 '약자의 편에 서라'는 가르침을 주는 거예요. 우리는 약자인 주인공에게 감정이입을 하거든요. 그렇다면 왜 약자에게 감정이입을 하라고 가르칠까요? 원시적인 환경에서 살던 인류가 칠흑 같이 어두운 밤 모닥불 앞에서 왜 자기 아이들에게 그런 내용의 이야기들을 해줬을까요?

결과적으로 그런 이야기를 알고 있는 인류만이 살아남은 건데요. 서로 도와야만 살 수 있는 게 인간이라는 거죠. 그래서 우리는 항상 약자에게 감정이입을 하도록 교육받았어요. 생각해보세요. 할리우드 영화든 우리나라 드라마든 주인공 중에 착하고 예쁘고 학벌 좋고 부모도 잘 만났는데 키 크고 먹어도 살 안 찌는 데다가 나만 사랑하는 남자를 가진 여자는 없어요.(웃음)

'약자의 편에 서라'는 메시지

우리는 약자에 대한 공감 능력이 없으면 멸망한다는 걸 가르쳐온 거예요. 인간이 세상에서 가장 약한 동물이잖아요. 강한 이빨이나 발톱도 없고 빨리 달리지도 못해요. 서로를 돌봐주지 않았다면 살아남을 수 없었을 겁니다. 그렇게 해서 살아남은 자들이 우리 조상인 거예요.

고대 인류의 유적에서 다리가 골절됐다가 치유된 흔적이 남은 유골이 발견됐거든요. 부상당한 그를 누군가 보살펴줬다는 거죠. 그래서 학자들이 인류의 '돌봄 행위'로부터 문명이 시작됐다고 말하잖아요. '간호의 역사가 인류 문명의 시작이다'라는 학설이 있어요. 그리고 이 문명의 발전을 촉진시켜주는 게 이야기이고 문학인 거예요.

일반적으로 프루스트Marcel Proust의 『잃어버린 시간을 찾아서』를 읽기 힘들어하잖아요. 그 이유 가운데 스토리가 없다는 게 커요. 『성경』이 많이 팔리는 이유는 전부 다 이야기이고 등장인물들이 그야말로 약한 자들의 집합이에요. 『성경』에는 완벽한 사람이 한 명도 안 나와요. 엄청난 문학입니다. 특히 『구약성경』에 나오는 이야기들은 정말 뛰어나다고 생각하는데요. 특히 〈창세기〉를 보면 시아버지가 며느리와의 사이에서 아이를 낳고, 이스라엘의 시조인 야곱은 부인이 몇 명에 첩도 있고 거기서 낳은 아들이 열두 명이나 되고 쌍

둥이 형을 몇 번이나 속이고 도망가거든요. 어렸을 때는 '도대체 『성경』에 왜 이런 사람들이 나오지?' 했는데 지금은 '이것이 인생이고 이것이 인간이구나' 하죠. 이게 『성경』 그리고 기독교의 매력이에요.

● 그래서 소설 작법서들이 공통적으로 '주인공에게 독자들이 감정이입할 수 있는 시련을 줘라'라는 말을 하나 봅니다. 그래야 독자들이 주인공이 잘되기를 응원하면서 끝까지 읽어낸다고 알려주거든요. ●

하마르티아(Hamartia: 아리스토텔레스의 『시학』에서 처음 등장한 개념으로, 고대 그리스비극에서 주인공의 선천적 결함이나 숙명적 판단 오류를 의미하며 파멸의 직접 원인이 된다)라는 개념 때문일 거예요. 시련 때문에 응원하는 건 아니고 주인공이 올바른데 악한 권력자에게 핍박을 당하면 우리가 큰 분노를 느끼게 되거든요. 선악 구도에서 항상 선은 약자잖아요. 이 구도가 재미있는 게, 이를 거꾸로 말하면 '약자를 응원해라'거든요.

● 인류에게 '약자를 응원하라는 가르침'을 주는 것이 '이야기의 힘이고 문학의 역할'이라는 말씀인 거죠? ●

대학교 1학년 때 정말 좋아했던 소설이 가산 카나파니

Ghassan Kanafani의 「뜨거운 태양 아래서 Men in the Sun」인데요. 그 소설을 읽고 팔레스타인 사람들의 삶을 깊이 이해하게 되니까 응원할 수밖에 없었어요. 그래서 그들이 학살당했을 때 가슴이 너무 아팠는데요.

우리가 어떤 나라에 대해서 영화라도 한 편 보면 애정을 가지게 돼요. 그 사람들의 삶을 알면 알수록 감정이입력이 커지거든요. 그래서 영화나 소설이 처음 시작할 때 주인공의 일상을 보여주는 거예요. 일상을 많이 알면 알수록 친근감을 더 느끼고 공감을 더 많이 하게 되니까요.

그래서 작가들이 힘들어요. 책을 너무 많이 읽어서 저도 감정이입과 공감력이 크니까 어떤 때는 굉장히 공포스럽고 힘들거든요. 이런 공감력을 예전에는 나의 정의감이라고 생각했는데 지금은 약간 병적인 걸 수도 있겠다 싶어서 자제하려고 노력하는 중입니다. 근데 책을 많이 읽은 덕분에 예지력도 좀 생기기는 했어요. 인간들의 행동 패턴을 많이 알게 되니까 거꾸로 의심도 많이 하게 되고요. 어떤 사람에 대해서 '저런 징후가 아닐까' 하고 생각하면 아주 틀리지는 않더라고요.

● 작가님 작품 속 인물들을 보면 응원하고 싶고 친구가 되어주고 싶은 마음이 들거든요. 『무소의 뿔』에서는 혜완

도 그렇지만 영선이 부디 잘 버텨주기를 바랐는데 결국 그러지 못해서 안타까웠고요. 『도가니』의 인호는 그토록 애썼는데 행복해 보이지 않아서 소설 말미에 서유진이 쓴 편지 내용처럼 '건강하게 잘 지내고 진심으로 행복하길' 바라게 돼요. 『우행시』는 더 말할 것도 없죠. 너무 마음이 아픈 결말이잖아요. 그래서 이 책들이 베스트셀러가 된 거겠죠? 많은 독자들이 주인공에게 공감했다는 말이니까요. 또 이 소설들이 구조적으로 완벽하고 주인공들에게 몰입할 수밖에 없는 이야기를 가지고 있어서 모두 영화화될 수밖에 없었을 것 같습니다. 지난번에 이렇게 흡인력 있는 인물들을 만들어내는 '작가들의 상상력과 창의력은 어디에서 오는가' 하는 이야기를 잠시 나눴는데요. 말씀을 들으면서 '이런 게 한순간에 훅 들어오는 영감의 산물만은 아니구나' 하는 생각을 했습니다. ●

절대 아니죠. 꾸준한 독서와 인간에 대한 끊임없는 학문적 탐구, 말하자면 심리학과 정신의학 그리고 역사적 인물들에 대한 공부가 뒷받침돼야 해요. 최진석 교수님이 한마디로 잘 정리했는데 "지식이 없는 지혜는 있을 수 없다"고 했어요. "지혜 없는 지식은 있을 수 있지만 모든 지혜는 지식에서 나온다"고요. 그 지식들의 합체가 어느 날 화학적 반응을 일으켜서 지혜로 변하는 거라서 구체적인 지식들의 합이 굉장히 중요합니다. 그런 의미에서 '무학의 통찰' 같은 건 말이 안 되는 거예요.

그러니 작가가 되고자 한다면 책을 많이 읽고 공부를 해야 합니다. 소설 응모작들을 심사해보면 쓴 사람의 독서량이 다 보여요. 이 사람이 질이 떨어지는 소설만 읽었는지 세계 명작을 읽었는지가 명확하게 보입니다. 그래서 또 강조하자면 글을 쓰고자 하는 분들은 좋은 소설을 많이 읽어야 해요.

공지영 작가님은 다독가이자 애독가다. 책을 많이 사고 많이 읽는다. 주변에 책 선물도 많이 하시는 것 같다. 댁을 방문할 때마다 새로 배송받은 책들이 쌓여 있고 신작들로 업데이트된 걸 볼 수 있었다. 온라인 서점 VVVIP가 아닐까 싶다.

작가님이 항상 하는 말 가운데 하나가 "그래서 독서가 중요해요. 책을 많이 읽어야 합니다"이다. '기승전―독서'인 경우도 많다. 이렇게 독서를 강조하는 작가님의 독서 방식은 '병렬 독서'다. 몇 권의 책을 동시에 읽는다고 한다. 또 장거리 운전을 하면서는 오디오책을 듣고, 전자책으로 읽은 책이 좋으면 종이책으로 사서 밑줄을 그으면서 다시 읽는다고 한다.

필요한 책을 찾다가 못 찾으면 재구매한다고 하는데 찾기가 귀찮아서라든지 결국 못 찾아서가 아니다. '한 권 더 사는 만큼이라도 보탬이 되고 싶어서'라고 했다. 약간 감동을 받았다. '진심은 디테일에 들어 있다'고 생각하기 때문에 작가님이 작가이자 독서가로서 출판 생태계에 얼마나 진심인지를 엿볼 수 있었다.

나는
어떻게 쓰는가

- 『무소의 뿔』을 다시 읽은 소감을 말씀드리면서 '이야기 자체는 무겁지만 곳곳에서 터지는 유머와 번득이는 감각들을 느끼면서 재미있게 읽었다'고 했어요. 특히 세 주인공의 인생관과 캐릭터를 '절대로' '어차피' '그래도'라는 부사로 표현해낸 것에 대해 감탄하면서 읽었는데요. 그런 감각은 어디서 오는지 궁금합니다. •

마치 빨간색을 톡 찍는 그런 터치감 같은 것, 그게 작가의 재능이에요. 근데 또 재능만으로 되는 건 아니에요. 재능에 더해 수많은 책(특히 소설)을 읽으면서 그 경험칙經驗則에 의한, 뭐라고 정의할 수 없는 어떤 승화 혹은 플러스알파 혹은 화학적 발전으로 되는 거예요.

그래서 좋은 책을 많이 읽어야 합니다. 좋은 소설 한 권을 열 번 읽는 게 좋아요. 질이 좋지 않은 소설을 백 권 읽으면 문장 실력이 오히려 떨어지거든요.

지금 제 머릿속에 소설이 열 편쯤 들어 있는데요. 말하자면 뼈대가 들어 있는 거죠. 근데 사람이 뼈로만 만들어지는 게 아니라 피부도 필요하고 눈동자 색이라든지 머리카락의 결이나 풍성함, 또 피부색이나 근육, 이런 것들이 중요하듯 소설도 똑같아요. 하지만 뼈대가 없으면 아예 소설이 안 되는데 이 뼈대, 말하자면 주제와 구조(프레임)가 없는 소설도 많습니다.

나이 들면서 이야기를 지어낼 상상력과 흥미가 떨어질 수 있는데, 제게 아직도 너무 많은 흥미가 살아 있어서 다양한 주제의 소설 열 편이 머릿속에 들어 있는 게 큰 행운이라고 생각합니다. 중요한 건, 이게 들어 있다고 해서 다 소설이 되는 게 아니고요. 여기에 피부, 머리카락, 손톱 이런 걸 입혀야 해요.

소설 쓰기

- 작가 지망생이나 글을 쓰고자 하는 분들이 제일 궁금해하는 부분이 아닐까 싶은데요. 소설을 쓸 때 어떤 식으로 작업하시나요?

제목 정하기

저는 먼저 제목이 안 정해지면 소설을 못 써요. 제목이 큰 주제어니까요.

주인공(화자)과 시점 정하기

그다음에 주인공을 어떤 인물로 할지를 정합니다. 어떤 이야기를 하는 데 가장 적합한 화자가 누구일지를 정하는데요. 쉬울 때도 있고 어려울 때도 있어요.

『도가니』 때는 굉장히 어려웠어요. 철저하게 독자의 눈높이에서 '어떻게 하면 이 주제를 가장 효과적으로 전달할 수 있을까?'를 생각하는데요. 이야기를 전달하기 위해서 누구를 화자로 내세우는 게 가장 효과적일까를 고민했고 또 시점은 뭐가 좋을지 생각했죠.

'전지적? 일인칭 아니면 삼인칭?' 하고 고민하다가 삼인칭시점을 선택했어요. 『도가니』의 공간적 배경인 '무진이라는 환경이 낯선 젊은 남자 주인공이 사건을 파악해가는 과정을 따라서 독자도 같이 알아가게 하는 게 좋겠다'고 생각했거든요.

보통 생경한 이야기나 사형 제도를 다루는 『우행시』같이 전문적인 이야기들은 아무것도 모르는 문외한이 그 사건으로 진입해 들어가면서 묘사할 때 독자의 눈높이에 잘 맞습니다. 『사랑 후에 오는 것들』처럼 사랑 이야기는 어려운 게 아니니까 안에서부터 시작하면 되고요.

톤 정하기

주인공과 시점을 정하고 나면 그다음에 톤을 정해야 해요. '어떤 톤으로 할 것인가?'는 매우 중요한 요소예요.

『도가니』는 건조하고 음울하고 감정이 없는 톤이고 『즐거운 나의 집』은 약간 대척점에 있죠. 주인공이자 베스트셀러 작가의 딸인 위녕의 경쾌한 어조로 시작해요. 『사랑 후에 오는 것들』은 젊은 현대 여성의 밝고 화사한 어조로 시작하고요. 톤은 소설을 쓰는 데 아주 중요한 장치 중 하나이므로 고심해서 정합니다.

내용을 위한 자료 조사

그러고 나서 내용을 생각하는데요. 여러 방법이 있는데 주로 주제와 관련된 모든 자료를 읽어요. 책을 가장 많이 읽었던 작품이 『우행시』였어요. 사형 제도에 대해 알기 위해서 전공 서적부터 시작해서 150권 정도 읽었던 것 같아요. 제가 그때까지는 사형 제도나 범죄의 세계에 대해서 잘 몰랐어요. 요즘처럼 유튜브가 있는 시절도 아니었으니까 사형 제도에 관한 모든 것들을 공부하고 나면 그 수많은 책들이 이야기를 건네옵니다.

그 과정에서 희한하게 에피소드들이 잘 떠오르고, 또 신기한 일은 책과 연관해서 쓸 수 있는 경험들을 하게 되더라고요. 이런 일이 한두 번이 아니었어요. 나중에 알았는데 내가 안테나를 올리고 있으면 거기에 우주의 에너지들이 모이는 거라고 하는데 그게 너무 신기하더라고요.

줄거리 만들기

그다음에 줄거리가 처음부터 결말까지 정해지지 않으면 집필을 시작하지 못해요. 마치 내가 본 영화나 소설의 줄거리를 누군가에게 말해주듯 그 정도의 전체적인 줄거리가 정해져야 합니다. 그 과정에서 중요하고 결정적인 장면들이 같이 떠올라줘야 하고요. 말하자면 도입부에서 깔아둔 복선이 나중에 결정적으로 드러나는 장면이나 클라이맥스 같은 것들이요.

『도가니』에서 청각장애를 가진 유리가 증언하는 장면에서 "친구가 성폭행당하는 것을 너는 어떻게 알았니?" 하고 변호사들이 물으니까 "음악 소리가 들려서 갔는데 조성모의 노랫소리가 들렸어요"라고 답하거든요. 취재하면서 알게 된 사실인데 저도 놀랐었죠. 당연히 상대쪽 변호사들도 "청각장애인이 조성모의 노랫소리를 어떻게 들었지?"라고 물었는데요. 취재하면서 보니까 청각장애인 가운데 특정 음역대의 소리를 들을 수 있는 사람이 있더라고요. 이런 건 취재가 아니면 알 수 없는 내용이었는데요. 그때 '이 부분이 이 소설의 클라이맥스가 되겠다'는 느낌을 받았어요.

이런 건 취재를 하면 할수록, 또 연관 자료들을 읽으면 읽을수록 더 많은 디테일이 생겨나고 세부 사항들이 풍성해집니다. 필요에 따라 사람들을 만나서 취재를 할 때도 있는데요.

저는 평소에 전문가들의 에세이를 많이 읽어둬요. 사람을 만나서 이야기한다 해도 몇 시간이나 하겠으며 또 디테일한 내용을 얼마나 말하겠어요. 근데 책에는 자세하게 쓰여 있잖아요. 그래서 변호사와 판사들이 쓴 자기 직업에 대한 에세이를 좋아해요. 배우나 코미디언이 쓴 책도 읽고요. 언제 어디서 조연으로라도 쓸지 모르는데 그럴 때 디테일이 풍부할수록 좋으니까요.

쓰기

여기까지 다 만들어둔 다음에 본격적으로 글을 쓰기 시작합니다. 이때도 첫 문장이 떠오르지 않으면 못 써요. 첫 문장은 너무 중요해서요. 영화의 첫 장면이 영화 전체를 암시하듯 소설의 첫 문장도 그렇거든요. 제목과 더불어서 첫 문장에서 소설 전체를 암시할 수 있어야 해요. 그래서 첫 문장을 굉장히 고민합니다.

『도가니』가 "강인호가 자신의 승용차에 간단한 이삿짐을 싣고 서울을 출발할 무렵 무진시(霧津市)에는 해무(海霧)가 밀려들기 시작했다"라고 시작하는데, 제가 생각한 첫 문장은 아니지만 거의 비슷한 문장을 생각했어요.

그렇게 해서 쓰기 시작하는데요. 아까도 말했지만 생물의 본질은 뼈대에도 있지만 피부에도 있기 때문에 글을 쓰다가 중간에 막힙니다. 제 머릿속에 줄거리가 들어 있고 이 다음 이야기가 무엇인지는 알지만, 이야기와 이야기를 연결시키는 매끄러운 피부를 만들어내는 게 너무 힘들거든요. 그럴 때 지금은 그렇지 않은데 도스토옙스키Fyodor Dostoevsky의 『카라마조프가의 형제들』을 읽었어요.

글은 마치 누에고치가 입으로 명주실을 뽑아내는 것 같은 집중력과 힘을 들여서 내 온몸을 조여서 쓰는 거예요. 내 속에서 가는 명주실을 잣는 것처럼 힘을 들이고 모아서 뽑아내야 하는 거라서 너무너무 힘든 일이죠. 저는 예전에 장편 쓸 때 새벽 두세 시까지 쓰고 나면 도무지 잠을 잘 수가 없었어요. 신경이 너무 곤두서 있으니까 독주를 마시지 않으면 풀어지지가 않았어요.

● 『카라마조프가의 형제들』은 당시에 쓰는 소설과는 관계없어도 좋은 소설이니까 읽는 거군요. 전범典範을 보여주는 소설 같은 거네요. ●

그렇죠. 많은 도움을 받을 수 있었어요. '이야기가 이렇게 연결되는구나. 대하소설에서는 이런 식으로 연결시키는구나'를 보는 거죠. 도스토옙스키를 그렇게 좋아하지는 않거든요. 오히려 톨스토이Lev Tolstoy 쪽을 더 좋아했는데 글쓰기에서의 교과서는 도스토옙스키였어요.

또 어떤 징크스 비슷한 건, 아무도 안 만나요. 사람을 만나면 기운이 빠지고 기가 흐트러지니까 누가 만나자고 졸라도 안 만나요. 사람들이 이해를 못 하더라고요. 글을 쓴다고 하면 집에서 한가롭게 쓰는 줄 알거든요. 나는 거의 전투를 치르고 있는 건데요.

공지영 작가는 제목을 잘 짓기로, 또 소설 빨리 쓰기로도 유명하다. 등단작 「동트는 새벽」은 이박삼일 만에 썼다고 하는데 이는 리포트 하나 쓰는 데도 촉박한 시간일 수 있다. 『우행시』는 취재하는 데 여섯 달을 보냈지만 집필은 두 달 만에 마쳤는데, 마지막 한 달은 하루에 두 시간 정도만 자면서 썼다고 했다. 당시 외출은 점심 약속 단 두 번이었다고 한다.

무서울 정도의 집중력과 체력이 아닐 수 없다. 작가님의 표현으로 '거의 신들린 듯이 써 내려갔다'고 하는데, 그 말 그대로인 것 같다.

작가가 그렇게 자신의 모든 에너지를 불어넣어야 읽는 사람이 편하게 책을 읽을 수 있다고 한다. 그 에너지가 책장을 넘기게 만드는 것이라고, 그래서 작가는 문을 닫아걸고 자신의 에너지와 시간을 보존하는 게 맞다고 했다.

도시에서의 생활을 접고 지리산으로 내려간 공지영 작가는 문을 닫아걸고 소진燒盡해버린 에너지를 보충하며 좋은 휴식을 취했다고 한다. 앞으로 나올 작품들에서 책장이 술술 넘어가는 독서를 기대해봐도 좋겠다.

2등 작가
2등 엄마를 하자

- 여성들이 직장을 다니면 가사나 육아와 자녀 교육 등을 병행하는 데서 어려움을 많이 겪잖아요. 작가가 작품을 쓰는 것도 직장과 가정생활을 병행하는 것과 마찬가지인 데다가 일반적인 업무도 아니어서 더 어렵다고 할 수 있는데, 사람들은 잘 모르죠. 출퇴근을 안 하니까 편하다고 생각하기 쉽고요. 작가님도 그런 어려움을 겪으면서 작업을 하셨을 텐데요. 그 사이에서 균형을 어떻게 유지하

셨나요?

말하자면 퇴근도 없이 쓰는 거잖아요. 이 직업을 시작하고 아이들 둘은 부모님이 키워줬는데 막내는 제가 키워야 했을 때 고민하면서 '둘 다 1등 하려는 마음을 버리자'고 생각했어요. 굉장히 중요한 결심이었어요. 그리고 '아이가 어느 정도 클 때까지 내 수입을 일하는 분에게 다 드리자'라는 각오를 하고 그렇게 했죠. 그때는 수입이 적었으니까 '내 손에 남는 게 없더라도 경력을 단절시키지 말자'라고 생각했거든요. 출퇴근하는 직업은 아니니까 집에 있으면서 처음으로 전일제로 일하는 분을 고용했는데, 그래도 저녁과 밤에는 혼자서 아이들을 봐야 하니까 힘들었죠.

육아는 정말 너무 힘들어요. 아이가 좀 자랐다고 힘든 게 없어지지도 않고요. 물론 아빠가 같이 육아를 하는 게 좋지만 엄마만의 영역이 분명히 있어요. 이를 부정할 수는 없습니다. 제가 이 나이에 보부아르Simone de Beauvoir가 『제2의 성』에서 말한 것처럼 '여자는 태어나는 게 아니라 만들어지는 것'이라고, '어렸을 때 분홍색 옷을 입혀서 여자애는 여자답게 자라는 것'이라고 말 못 해요. 남녀가 유별하게 태어나고 엄마의 손길이 필요한 부분이 분명히 있어요.

그래서 괴로웠지만 '이 둘을 병행하기 위해서 나는 2등 작가 2등 엄마를 하자. 둘 다 1등은 못한다. 어느 것이라도

1등을 하려고 하는 순간 다른 하나는 망친다'는 걸 깨달았어요. 그래서 유지만 하자고 생각했죠.

● 작가님의 결심과는 다르게 그때 또 베스트셀러들이 나왔습니다.(웃음) ●

그때 대표작이 다 나왔어요. 마음을 그렇게 먹었기 때문에 가능했던 거죠. 만약 그때 뭐라도 1등을 하려고 했으면 다른 하나를 망쳤을 테고, 그러면 악영향이 굉장히 컸을 것 같아요. 그래서 이것도 대충, 저것도 대충 하자고 생각했는데 살다 보니까 의외로 일은 간절하게 원하면 거의 안 이루어져요. 그냥 슬슬 하는 게 더 잘 이루어져요.

그래서 아들한테도 "네가 어떤 직업을 가질지 고민될 때 네가 하고 싶은 걸 한다고 잘되는 게 아니야. 남들은 어렵다고 할지 모르지만 나한테는 쉬운 일, 그리고 하면 술술 잘되고 남들도 잘했다고 하는 일을 직업으로 삼아야 해. 마침 네가 그 일을 좋아하면 그건 정말 좋은 일이고 아니어도 네가 좋아하는 일과 네가 잘하는 일이 있으면 잘하는 일을 직업으로 삼아야 해"라고 했거든요. 저는 다행히 그 둘이 일치했으니까 행운이었죠.

● 다른 직업군보다 예술가들은 그 둘이 일치돼야 하는데

분리된다면 상당히 괴로울 것 같습니다.

아무래도 그렇죠. 근데 주변에서 제가 봐도 재능이 없는 작가들을 많이 봤거든요. 그 사람들이 노력은 엄청 많이 해요. 정말 성실해요.

예술과 재능과 운의 삼각관계

- 재능이 없다는 걸 알아서 더 노력하는 걸 수도 있겠네요.

예술은 잔인한 거예요. 그래서 살리에리가 모차르트를 죽이고 싶었던 거잖아요. 예술가도 공부처럼 재능과 운이 다른 사람과는 다른 레벨로 갖춰져야 되는 거예요. 그런 게 있고 나서 본인의 노력이 더해져야 하는데요. 저는 요즘 노력할 수 있는 것도 운이라고 생각합니다. 몸이 아프다든지 집안에 아픈 사람이 있다든지 하면 어떻게 노력을 하겠어요. 그건 인간에게 너무 큰 희생을 강요하는 거죠. 저는 그 운도 좋았어서 사람들한테 "저는 정말 운이 좋았어요"라고 말하는 건 겸손이 아니라 99퍼센트는 진실이에요.

- '운이 좋았다'는 말씀을 하셔서 이야기를 해보자면요. 지난번 인터뷰에서 '겸손'이라는 개념에 대해 이야기하면

서 예전에는 "어떻게 그렇게 글을 잘 쓰세요?"라고 하면 "아니에요"라고 답했는데, 지금은 "제가 재능을 좀 타고났어요"라고 말하는 게 겸손이라고 하셨어요. 곰곰 생각해보니 맞는 말이다 싶어 마음에 와닿더라고요. 무라카미 하루키도 한 인터뷰에서 '내가 그런 작품을 쓸 수 있었던 것은 굉장히 운이 좋았기 때문'이라고 답한 걸 읽었거든요. 두 작가님이 같은 말을 하는 건데요. 작가가 되고 싶어 하는 사람들이 많지만 재주가 없거나 운이 없다고 생각하면서 괴로워하는 분들이 있잖아요.

제가 십 몇 년 전에 『의자놀이』를 쓸 때까지만 해도 너무 가슴 아파하면서 '내가 천재였으면 얼마나 좋았을까' 하는 생각을 많이 했어요. '나는 재능이 너무 부족하다. 이걸 쓰기에는 너무 힘들다. 어떡하지?' 이런 눈물이 나올 것 같은 생각을 굉장히 많이 했거든요. 그러니까 재능이 있는지 없는지를 누가 판단하느냐, 그건 몰라요.

결혼 생활을 하는 동안 글을 못 썼고 이혼하고 나서 『우행시』 쓸 때 "그동안 글을 안 썼더니 어떻게 써야 할지도 모르겠고 트렌드도 바뀌었는데 어쩌죠?" 했더니 어떤 사람이 "잘 쓰고 잘될 거예요"라고 덕담을 해줘서 그 말이 너무 기쁘고 힘이 됐어요. 그 정도로 불안하고 자신이 없었던 거죠. 지금은 좀 덜한데 그때까지만 해도 그랬어요. 1988년에 등단했고 『의자놀이』가 2012년에 나왔으니까 25주년째였죠. 당시로서는 제가 등단이 빠른 편은 아니었어요.

● 당시로서는 그렇지 않았다고 하셨지만 지금으로 봐서는 절대 늦지 않은 나이였습니다. ●

지금으로 보면 이르죠. 등단하고 바로 딸을 낳았고, 그러고 나서 첫 번째 베스트셀러가 된 『더 이상 아름다운 방황은 없다』를 출간하고 나서 1993년에 『무소의 뿔』로 전국구 스타가 됐어요. 『더 이상 아름다운 방황은 없다』도 당시에 초판이 5만 부 정도 나갔는데 굉장히 많이 팔린 거였고요.

● 무명 시절이 없었네요. 근데 원래 작가가 되고자 하셨던 거죠? ●

습작이 없었어요. 구치소에서 나와서 바로 쓴 「동트는 새벽」으로 등단을 했으니까요. 굳이 습작을 꼽자면 중학교 때 앤솔러지를 만들었어요. 지금 생각하면 너무 웃긴 게, 노트를 하나 마련해서 장편소설을 연재했어요. 삽화도 그려 넣었고요. 시도 쓰고 하는 노트를 만들어서 혼자 썼어요. 웃기지 않아요? 그때는 작가라는 꿈을 가질 수가 없던 시절이에요. 여성 작가가 글을 써서 먹고산다는 건 있을 수 없는 일이었거든요. 다른 일을 하면서 겸업을 해야 했어요.

학교 다닐 때 앞으로 하고 싶은 일이 뭔지를 적어 내라고 하잖아요. 저는 그게 아니라 "너는 어떤 삶을 살고 싶니?"를 물어봐야 한다고 생각해요. 지금도 아쉬운데요. 그걸 물었다면 나는 아마도 '글을 쓰고 글을 읽고 글에 관한 무언가를 하면서 돈도 벌 수 있는 그런 직업을 꼭 가지고 싶다. 그게 무엇인지는 아직 모르겠다'라든가 '읽고 쓰고가 없는 세상은 내게는 없는 것 같다' 이렇게 썼을 거예요. 아이들에게 '어떻게 살 것인가'를 물어봐야죠. 원하는 직업으로 변호사요, 대통령이요 하는 건 의지 없는 대답이고 의미도 없는 거잖아요.

작가가 되기까지

● 『무소의 뿔』을 쓰던 시기에 작가님이 이혼을 하면서 삶의 굴곡을 겪었지만, 서른 살 나이에 어떻게 삶에 대한 깊은 통찰이 보이는 소설을 쓸 수 있었는지 궁금하더라고요. 작가적 감수성을 남다르게 가지고 계셨겠지만 작가가 되기까지의 과정이랄까요. 어렸을 때부터 책을 많이 읽었다고 하셨습니다만 어떠셨어요? 특별한 과정들이 있었나요? ●

성장 과정에서 힘든 일을 하나도 안 겪고 컸어요. 사립학교를 다녔고 여의도에서 살았으니까 잘사는 사람들만 봤고요. 게다가 성당을 다녔잖아요. 주변에 천사 같은 사람들뿐이었어요.

대학교 들어가서, 더군다나 문학회같이 기가 센 곳을 갔더니 '네가 아는 게 뭐가 있냐'고 하니까 자존심이 상하고, 친하게 지내며 같이 다니던 남자 동기들도 '이렇게 순진한 애가 있나' 하는데 제가 '말도 안 된다'고 했거든요. 근데 나중에 보니까 진짜 순진한 거였어요. 아는 게 없었어요. 다른 사람들의 삶도 모르고 학교 공부 외에는 다른 교양도 별로 없었죠. 소설 같은 건 많이 읽었지만 사회과학적 지식은 하나도 없었고요. 1970년대 고등학생이 누가 사회과학 서적을 읽었겠어요. 물론 계간지 〈창작과비평〉은 읽었지만요.

근데 박정희가 죽었을 때 학교에서 유일하게 울지 않은 사람이 저랑 제 친구였어요. 저를 의식화시킨 게 그 친구였는데요. 선생님이랑 학생들이 다 우는데 저는 '독재자가 죽었는데 왜 울지' 하면서 안 울었거든요. 그래서 그때 외로웠어요. 앞에서도 말했지만 그런 게 외로운 거예요.

사회과학적인 공부는 안 돼 있었지만 마음속에 그런 의식은 이미 있었던 거죠. 또 불행인지 다행인지 성당 신부님들이 다 정의구현사제단 소속이었고, 1980년에 광주에 대한 기사를 읽었을 때 그게 다 진실이라고 생각했어요. 그때 처음으로 나라를 위해서 기도했다고 말했잖아요.

- 시대를 예민하게 포착하는 능력과 정의감을 타고났다고 말할 수 있겠네요. 이런 감각을 뒷받침해줄 본격적인 공

부는 대학에서 시작하신 거고요?

그렇죠. 대학교 2학년이 될 때까지 연애 한번 안 해봤고 남자 손도 안 잡아봤어요. 그러다 처음으로 남자 친구를 사귀었는데 그 친구가 학교 신문사에 있어서 그를 통해서 사회적 실상을 접했죠. 그리고 남자 친구의 친구들이 다 문학청년들이었거든요. 그 친구들이랑 다 같이 다녔어요. 그들은 그때 이미 루카치György Lukács나 브레히트Bertolt Brecht의 책들을 읽었고, 알튀세르Louis Althusser니 뭐니 하는데 무슨 소리인지를 알아야죠. 그래서 저도 열심히 읽고 공부를 했어요.

그러면서 처음으로 최근의 한국 소설들을 읽기 시작했죠. 그전에 세계 명작은 다 독파를 했는데 한국 현대 소설들은 읽은 게 거의 없었거든요. 그때 그 친구들이 주는 지적인 자극이 너무 좋았고 즐거웠어요. 그들에게서 배우는 게 많아서 기뻤어요. 그래서 악착같이 공부했어요. 시집 외우기 대회도 하고요. 만나서 쓸데없는 이야기를 하는 게 아니라 공부를 한 거예요.

그 친구들 덕분에 많이 컸죠. 그들은 그때 이미 대학의 문학상을 다 휩쓸고 있었어요. 연대 문학상들은 물론이고 전국적으로 유명한 문학상을 많이 받았어요. 상금이 꽤 컸어요. 제가 4학년 2학기 때 소설을 써서 처음으로 상을 받았는데 상금이 20만 원이었거든요. 그전에는 시를 써서 15만 원을 받았고요. 당시 등록금이 30~40만 원 정도였으니까 상금이 꽤 컸죠.

● 그 친구분들과 어울리고 공부하면서 작가의 꿈을 자연스럽게 품게 된 거네요.

그전에도 문학과 글쓰기에 관심이 있었는데 그 친구들과 어울리면서, 말하자면 세미프로semipro의 세계로 들어가게 된 거죠. 그들은 계속 신춘문예 본선까지 올라갔다 떨어지고 있었고, 저는 졸업하고 공장에 들어갔다가 쫓겨나 구치소에 들어갔다 나와서 등단한 거예요.

제가 봐도 그중에서는 제가 글을 제일 못 썼어요. 저는 삶의 경험도 없고 어른스러운 척할 만한 어른스러움도 없었고요. 그 친구들은 저를 술값 잘 내는 귀여운 여자애 정도로 생각하고 데리고 다녔던 거죠. 저도 '저들은 다 작가가 될지 모르지만 나는 그럴 가능성이 없다'고 생각했고요.

각성과 함께 각혈하듯
쏟아져 나온 데뷔작

그러다 구치소에 가서 처음으로 이 사회의 어떤 적나라

한 경험을 하게 된 거예요. 인생이 처음으로 내게 부딪혀온 거였죠. 그전에는 보호막들이 있었는데 제게 너무 큰 충격이었어요. 구치소에서 나와서 데뷔 소설을 이틀 만에 썼거든요. 제가 "각혈하는 것처럼 쏟아져 나왔다"고 표현했는데요. 모든 문장들이 각혈하듯이 나왔어요. 그렇게 써서 투고를 했는데 바로 당선이 된 거니까 습작할 시간이 없었죠.

돌 맞을 소리겠지만 그전에 너무 많은 소설들을 읽어서요. 『토지』『지리산』『태백산맥』도 너무 많이 읽어서 길을 걸어 다니면 모든 게 다 소설 지문으로 보였어요. 엄마 심부름으로 뭘 사러 가는데 그 길이 다 지문으로 변하는 거예요. 그걸 모아서 소설을 써도 될 것 같은 정도로요. 당시 얼마나 소설에 빠져 있었는지 알겠죠? 거기서 더 나아가면 약간 미칠 수도 있을 정도였어요.

구치소 수감될 때 여자들 120명이 같이 들어갔는데 다들 풀려나고 저 혼자만 남았거든요. 그건 또 어떻게 그러냐고요. 제가 반항을 한 것도 아니었거든요. 근데 그것도 굉장히 큰 운명이었어요. 그때 '나가면 소설을 써야겠다'고 결심했어요. 거기서 같이 이야기할 사람이 한 명이라도 있었으면 수다 떠느라고 그런 생각 못 했을 거예요. 근데 아무도 없이 나 혼자였고, 너무 춥고 배고팠기 때문에 생각을 할 수밖에 없었어요.

스물다섯 살짜리가 강제로 면벽을 하니까 처음으로 자기 자신 속으로 들어가게 되고 '내가 원하는 건 소설이야. 소설가가 되는 거야' 하는 걸 처음으로 깨닫게 된 거죠. 그래서 '자기 자신을 아는 게 너무너무 중요하다'는 말을 계속하는 거예요.

그렇게 등단해서 소설가가 됐어요. 운이 좋았죠. 모든 일이 소설처럼 운명적으로 펼쳐졌어요. 근데 역사학자들도 '모든 일에 원인과 결과가 있으나 이를 촉발시키는 건 항상 우연'이라고 말하더라고요.

레디컬한 성향

나중에 깊이깊이 생각해보니까 내가 너무 순진했었고 아무런 자극이 없이 살았기 때문에, 말하자면 무균 상태였기 때문에 면역력이 하나도 없어서 모든 걸 원리원칙대로 받아들인 거죠. 지금도 제게 그런 면이 좀 남아 있는데요. '저건 분명히 나쁜 거잖아. 너희가 진보고 뭐고 나는 그렇게 생각하지 않아. 이건 너희가 틀렸어'라고 말할 수 있는 사람이 별로 없어요. 의외로 없습니다.

남녀 문제도 페미니즘을 알기 전인 어렸을 때부터 엄마한테 조금씩 반항을 했어요. 오빠랑 조금이라도 차별하면

"왜 남자랑 여자를 차별해? 내가 여자로 태어나고 싶어서 태어난 것도 아니고 오빠가 노력해서 남자가 된 것도 아니잖아요"라고 항의를 했는데요. 이러면 반항이 굉장히 레디컬해지는 거죠. 레디컬radical에 근본적, 본질적이라는 뜻이 있잖아요. 제게 그런 면이 있어요. 그래서 사람들이 저더러 때로는 너무 과격하다고 하는데 어린 시절 무균 상태에서 성장한 영향인 것 같아요.

어렸을 때부터 눈치 보는 법을 배운 게 아니고 원칙대로 살면 칭찬을 받던 삶을 스무 살 즈음 인격이 거의 완성될 때까지 살았기 때문에 그런 레디컬한 면들이 있는 거예요. 그래서 '너희들이 뭐라고 하든 아닌 건 아니야. 그리고 내가 아무리 외로워져도 이건 아니라고 말할 수밖에 없어. 나는 나 자신을 속일 수는 없어'라고 말하는 거죠.

● 그런 모습이 작가님 작품 속 주인공들에게서도 보여요. 바르고 강직하고 원리원칙대로 움직이죠. 때로는 외곬로 고지식해 보이기도 하고요.『무소의 뿔』에서 혜완도 흔들리고 힘들어하지만 상당히 강직한 인물이잖아요. 그러니까 타협하지 않고 이혼하고 나온 거고요.『도가니』속 주인공들은 말할 것도 없이 정의롭고요.   ●
혜완이 쓰는 '절대로'라는 단어가 예전에 제가 많이 쓰던 말이었는데 이제는 안 써요. 제 소설 속 주인공들은 거의 다 어떻게든 바르게 살려고 노력하는 인물들이죠. 처음으로 삐뚤어졌던 인물이 『우행시』의 유정인데 그때 너무 힘들었어요. 이 여자를 약간 문란하게 만드는 게 저로서는 너무 힘든 작업이었고 엄청난 모험이었어요.

사형수를 만나서 변호를 하게 되는 인물을 모범생보다는 약간 삐딱한 인물로 만들어야 이야기에 더 설득력이 생길 거라는 생각에 내 딴에는 한껏 타락시켰던 건데요. 그때까지 나를 닮은 인물들만 써오다가 처음으로 삐딱하고 반항하는 나와는 다른 인물을 그리는 게 너무 힘들었는데, 하고 나서 굉장히 자유로워졌어요.

우연과 창의성

『우행시』를 쓸 때 책을 150권 읽었고 자료도 다 찾았고 모든 게 머릿속에 들어와 있는데, 어떤 형식으로 쓰면 좋을지가 너무 고민이었어요. 평론가 친구한테도 "뫼비우스의띠처럼 시간이 꼬이는 형식이면 좋겠는데 어떻게 해야 할지 모르겠어. 근데 이 생각이 머리에서 자꾸 맴도네"라고 했는데요. 고민 끝에 나중에 '블루 노트'라는 걸 생각해내서는 소설의 끝을 공개하면서 시작하게 만들었어요. 이원적으로 서

문처럼 주인공의 일기인 블루 노트가 나오고 본문이 진행되는 식이에요.

그런 형식의 단초는 『고등어』에서 온 건데요. 노은님의 일기가 유고遺稿 일기라는 걸 처음부터 밝히면서 독자가 '이 여자가 죽었구나'라는 걸 알고 시작하게 했거든요. 거기서 차용한 건데 왜 그렇게 했는지는 모르겠어요. 그러니까 이런 것들이 우연이면서 약간 재능이 결부된 창의성의 결과인 거예요.

● 작가라고 하면 '상상력'과 '창의력'이 뛰어난 사람들이라고 평하잖아요. 그 외에 또 중요한 덕목이 있을까요? ●

소설가라면 상상력이 정말 중요하고 또 '자유로움'이 있어야 해요. 카뮈Albert Camus가 가졌던 게 바로 자유로움이잖아요. 제가 정말 좋아하는 작가인데요. 『이방인』은 지금 읽어도 충격적인 작품이에요. 우리는 아직까지도 클리셰처럼 '범죄인다움'이나 '피해자다움' 같은 것들을 요구하는데 그는 그때 이미 다 깨버린 거잖아요. 『이방인』이 1942년에 나온 작품이니까 대단하죠. 그의 문장도 에세이를 쓸 때 제게 항상 '선생님'이에요. 카뮈가 가진 극단적인 상상력과 자유로움이 정말 멋있어요.

제일 중요한 건
'재미있는' 소설

누군가 "어떤 소설을 쓰고 싶어요? 어떤 소설을 염두에 두나요?" 하고 물어오면 10년 전부터 "재미있는 소설이요"라고 답했는데 앞으로도 같은 답을 할 거예요. 제가 제일 중요하게 생각하는 게 재미있는 소설이에요. 물론 '재미'에는 여러 가지가 있죠.

저는 예를 들면 코난 도일Arthur Conan Doyle이 쓴 '셜록 홈스 시리즈' 같은 게 재미있어요. 어렸을 때 읽은 세계 명작 소설은 거의 다 재미있었는데요. 도스토옙스키의 소설도 좋았지만 어쨌든 최고의 재미는 셜록 홈스 시리즈처럼 머리를 써서 추리를 하는 이야기들이죠.

특히 애거사 크리스티Agatha Christie의 작품들은 참고하려고 계속 다시 읽는데 문학적인 향기가 떨어지지가 않아요. 캐릭터 묘사라든지 영국 사회의 배경 설명이라든지 하는 부분들이요. 통속 추리소설이 아니에요. 제인 오스틴만큼 당시 사회를 반영하고 있어서 굉장히 좋아해요. 다 명작이잖아요. 『오리엔트 특급 살인』은 최고죠. 『그리고 아무도 없었다』나 『쥐덫』도 마찬가지고요. 그러니까 계속 영화화되고 연극으로 공연되고 하는 거잖아요. 무엇보다 뻔하지 않고 재미있는 게 큰 미덕이고요. 필요 이상으로 잔인하지도 않고 인간

심리를 아주 치밀하게 따라가죠. 저도 그렇게 '재미있는' 소설을 쓰고 싶은 거예요.

페이지터너

● 다음에 쓸 작품이 추리소설 형태라고 하셨는데요. 『도가니』도 사건의 전말을 밝히는 과정이 흥미진진하게 추리소설처럼 펼쳐졌습니다. 『해리』도 그랬고요. 새 작품은 작가님 작품 가운데 가장 '정치적인 소설'일 거라고도 하셨는데요. 오랜만에 나올 소설이기도 해서 여러모로 기대가 많이 됩니다. ●

다독가로서의 나를 항상 생각하거든요. 그리고 책을 쓸 때 항상 독자를 의식하는데, 판매 부수를 의식한다는 게 아니고 두 가지를 의식해요. 첫 번째는 제가 쓴 책을 다 읽은 사람들이 꽤 많아요. 팬들 가운데 전작全作한 분들이 많아서 은혜를 갚는 마음으로 '그분들이 새롭다고 평하는 작품을 쓰고 싶다'는 욕망을 늘 갖고 있어요.

두 번째는 재미예요. 제가 독자로서 제일 싫어하는 책이 장르 불문하고 책장 안 넘어가는 거예요. 책장이 술술 넘어가는 '페이지터너' 책을 쓰고 싶어요. 근데 책장이 빨리 넘어가는 건 내용이 쉬워서가 아니에요. 박경리 선생님의 『토지』

3, 4부를 연재로 읽었을 때가 제가 스무 살 즈음이었을 거예요. 그때 처음으로 읽을 내용이 줄어드는 게 너무 아깝다는 생각을 했어요. 문장들이 너무 좋아서 '이거 얼마 안 남았는데 큰일 났다' 이런 느낌을 받았거든요. 나중에 『토지』가 책으로 나와서 전작으로 읽을 때도 '책장 넘기기가 너무 아깝다' 하면서 읽었어요. 독자들이 '선생님, 책장 넘기기가 너무 아까웠어요'라고 말해주는 게 작가에게는 최고의 영광이죠.

● 출판 시장의 어려움에 대한 말들이 많이 들려옵니다. 어렵다는 말을 달고 사는 출판계이긴 합니다만, 엄살로만 들리지는 않더라고요. '텍스트힙'이니 뭐니 하는 트렌드가 있고 서울국제도서전이 열리면 관람객이 몰린다는데, 정작 대부분의 출판사들은 실속이 있네 없네 하거든요. ●

공급자 책임이라고 생각합니다. 요새 나오는 소설들이 재미가 없어요. 이건 전적으로 저를 비롯한 공급자 책임이에요. 재미있다면 독자들은 언제든 책을 살 의향이 있다고 생각하거든요. 영화도 마찬가지고요. '책이 안 팔린다' 또는 극장에 '관객이 안 온다'는 건 공급자의 책임이에요.

뮤즈의 딜레마
노력이면서 노력이 아니고
노력이 아니면서 노력

공지영 작가님이 소설 쓰기에 대한 이야기를 할 때 자주 쓰는 표현들이 있다. "문장들이 각혈하듯 쏟아져 나왔다"든지 "장대비처럼 내렸다"든지 "기도를 하는데 소설 테마들이 떨어지고 대화 내용까지 떠올랐다"든지 "생각이 머릿속에서 폭탄처럼 터졌다"든지 하는 말이다.

이런 말을 들을 때마다 작가님에게 '뮤즈가 자주 찾아오나 보다' 또는 '영감이 넘치시나 보다' 하고 생각했다. 물론 그런 측면도 있겠지만, 이야기를 나누면서 그만큼 일상에서 늘 예민하게 글쓰기와 관련된 감각들을 켜두고 계시구나 하고 깨달았다. 그런 '촉'과 '감각'들이 매우 예민하게 발달한 것이다. 그렇다면 이런 능력을 어떻게 키울 수 있는지, 도대체 '뮤즈'라는 것의 실체는 무엇인지에 관해 이야기를 계속해나갔다.

- '문장이 장대비처럼 쏟아졌다'든지 '기도 중에 소설 테마들이 떨어졌다'고 하셨잖아요. 얼핏 신비스러운 체험처럼 들릴 수 있는데요. 이런 일들이 일어나는 건 작가님이 '안테나'라고 표현한, 그 모든 주의와 감각을 초고도로 집중한 결과인 거지 어디선가 뚝 떨어지는 게 아니죠.

계속해서 모든 자료들을 읽으면서 구체적이고 세세한 지식들이 쌓여야 해요. 직관이나 문학적 상상력 혹은 영감, 즉 '뮤즈Muse'들은 세세한 노력 속에서 오는 거예요.

'지금 그 사람 이름은 잊었지만'이라고 시작하는 〈세월이 가면〉이라는 노래가 있어요. 참 좋은 노래인데 술 마시던 자리에서 박인환 시인이 즉석으로 가사를 쓰고 이진섭 씨가 곡을 붙인 거래요. 그처럼 문학적 영감은 하루아침에 오는 거예요. 슈베르트도 밤새 창녀들하고 놀고 들어와서 그 아름다운 곡들을 작곡했다고 하더라고요. 모든 뮤즈는 하루아침에 와요. 과학적 연구 같은 것은 오래 할수록 데이터가 쌓여서 완성도가 높아지지만 예술 작품을 십 몇 년 동안 작업했다고 하면 그건 안 되는 걸 억지로 짜맞춘 거예요.

좋은 작품을 쓰려면 뮤즈가 와야 하기 때문에 그걸 기다리는데요. 근데 그 뮤즈는 매일매일 나중에는 버려질 글을 쓰고 있어야 옵니다. 슈베르트는 천재지만 그도 밤에 놀러 가기 전까지는 악보를 쓰고 고치고 했을 거예요. 이게 딜레마인 거죠. 노력이면서 노력이 아니고 노력이 아니면서 노력이니까요.

매일 길게 일기 쓰기

● 뮤즈가 참으로 짓궂네요.(웃음) 노벨 문학상을 받은 윌리엄 포크너도 "나는 영감이 떠오를 때만 글을 쓴다. 다행히 그 영감은 매일 아침 9시에 온다"고 했대요.『호밀밭의 파수꾼』을 쓴 J. D. 샐린저도 출판이 되든 안 되든 매일 아침 일찍 일어나 글을 썼다고 하더라고요. 유명한 작가들은 다들 성실하고 부지런하게 글을 쓰는 거죠. 작가를 지망하는 분들에게 위안을 주는 말일 것 같습니다.   ●

작가 지망하는 분들에게는 제가 항상 "절대 회사 그만두지 마세요"라고 해요. 또 "일기를 길게 쓰세요"라고 하고요. 화가도 명화를 그리려면 영감이 와야 하는데 데생 능력은 영감이 해결해주지 않거든요. 그건 연습으로만 얻을 수 있어요. 마찬가지로 작가도 영감이 와야 명작을 쓸 수 있지만 문장력은 영감이 해결해주지 않습니다. 평소에 연습을 해둬야 해요. 문장력을 키우고 연습하는 데는 일기 쓰기가 제일 효과적이에요. 독서는 너무 당연하고요. 자기가 보낸 하루의 일을 소설화해서 써보세요. 매일매일 길게 쓰세요.

일기를 단편처럼 쓰다 보면 문장력이 늘어요. 이게 굉장히 중요합니다. 날씨라는 소재 하나를 가지고도 길게 쓸 수 있는 게 능력이에요. 이 능력을 길러둬야 나중에 영감이 왔을 때 그걸 써낼 수 있어요.

그리고 "영감이 와야 하는데 안 오면 어떻게 하느냐"고 묻는다면 "일기 쓰면서 사는 삶도 굉장히 좋은 삶이에요"라고 말해주고 싶어요. 직장 다니고 돈 벌면서 일기를 쓰면 돼요. 그러니 절대 직장 그만두지 마세요!

먼저 삶이 변해야
좋은 글이 나온다

동시대를 사는 선배나 후배 작가들을 보면요. 그 작가가 이번에 작품 냈는데 정말 좋더라 또는 별로더라 하는 소식들이 들려오거든요. 저는 그게 어느 정도 예측이 돼요. 소설이 좋아지려면 먼저 작가의 삶이 변해야 하거든요. 근데 대개는 그게 고통이에요.

예전에 작가이자 대학교수였던 사람이 "공 작가님은 정말 좋겠어요. 삶이 알아서 그렇게 고통을 주니 소설가로서 행운입니다"라고 해서(웃음) 어이가 없었는데요. 하지만 곰곰 생각해보니 '아, 그런 측면도 있겠다' 했거든요. 저는 안 겪어도 되는 온갖 일을 다 겪었잖아요. 근데 맞아요. 그 고통들이 도움을 준 측면이 있어요.

제 또래 여성 작가들을 보면서 '저 사람 소설은 이제 나빠질 거야' 하고 예측되는 경우가 있는데요. 나이가 들면서 감수성은 떨어지는데 생활은 똑같아요. 그러면 소설이 좋을 수가 없어요. 나이 들면 감수성은 분명 떨어져요. 제가 "예전에는 낙엽 하나 떨어지면 천 가지 생각이 났는데 요새는 낙엽이 천 개 떨어져도 생각이 한 개가 날까 말까 한다"고 말했잖아요.

이렇게 떨어져가는 감수성을 채울 수 있는 게 통찰력이거든요. 통찰력과 성숙에서 좋은 잠언들이 나오는 거고요. 근데 감수성은 떨어지는데 생활은 그대로거나 혹은 더 편해졌다면 어떻게 좋은 글이 나오겠어요.

● 작가님이 그런 표현을 쓰셨어요. 글을 쓰는 건 '수명이 단축되는 것' 같은 일이라고요. 고도의 집중력과 정신노동을 요하는 작업이라서 그럴 것 같습니다. 또 본격적 글쓰기를 위해서는 체력도 많이 요구되고요. 근데 여기에 더해서 '고통'까지도 필요하다고 하니 극한(?)의 직업인가 싶기도 합니다. ●

우리가 '굉장히 좋은 소설이야'라고 평하는 작품은 대부분 영감이라고 부르는 그 '한 방'을 받고 나온 거예요. 그냥 고만고만한 소설은 누구나 노력하면 쓸 수 있어요. 우리가 범작이라고 평하는 것들은 작법의 요소들을 이렇게 저렇게 맞춰서 쓰면 나와요.

그 '한 방'은 하늘이 내려주는 건데 그걸 잡으려면 기본적인 데생력(문장력)이 있어야 하고요. 그 데생력을 더욱더 큰 영감으로 표현해내기 위해서는 반드시 생의 고통이 있어야 합니다.

'실존적 고통'이라고 할까요. 예를 들면 남편에게 폭행당했을 때 '아프다, 저놈은 나쁜 놈이다'가 아니라 '이 결혼은 무엇인가? 과연 견딜 가치가 있는 걸까? 나는 무엇을 위해서 살았나?' 하는, 한 차원 위로 올라갈 수 있는 질문을 던져야 해요. '이 고통은 내게 무엇을 의미하며 어떤 결단을 촉구하나?'와 같은 실존적 고통에서 나온 질문이 반드시 있어야 합니다. 이게 정말 중요해요.

작품 속으로

● 작품 전반에 대한 이야기를 해볼게요. 작가님은 종교적 서사와 사회적 문제가 균형을 이루는 작품을 써오셨는데요. 그럴 때 무엇을 가장 중요하게 생각하시나요? ●

　예전에는 '내가 진보적 가치들을 잘 구현하고 있는가' 하는 것들을 고민했는데요. 지금은 '내가 이 복잡한 사회에서 수많은 팩트들을 과연 잘 습득하고 말을 하는 건가' 하는 것들이 두려워요. 제가 상황이 아니라 개인을 믿었다가 실망한 경험들이 있어서요. 이제는 누구도 믿지 말자는 생각을 합니다. 모든 개인은 함정에 빠지고 실수를 하기 마련이니까요.

　이제는 정확한 팩트에 기반해서 판단하고 잘 모르면 가만있자고 생각해요. 제가 예전에 싸웠던 사회는 훨씬 단순한 사회였어요. 독재자 대 민주화 세력, 이런 정도였기 때문에 싸우기가 좀 더 쉬웠죠. 지금은 사회가 훨씬 더 복잡하고요. 소위 민주화 세력의 타락도 만만찮기 때문에 '내가 다 모르면 이야기하지 말자' 하고 있어요. 근데 실제로 말을 좀 하려니까 알아야 할 팩트가 너무 많더라고요.

제가 이번에 확실하게 반대한 게 있어요. 〈가톨릭신문〉 칼럼(2025년 7월 20일자)에 '노동을 해보지 않고 자기 손으로 밥을 벌어보지 않은 사람을 반대한다. 그런 사람들이 우리를 지배하는 사회를 반대한다'고 썼는데요. 저는 이런 무리들이 아주 위험하다고 생각합니다. 그게 좌든 우든 상관없어요. 예전에는 그런 사람들이 기득권층의 자제들로 이루어진 우파들이었다면 이제는 진보를 표방하는 좌파들도 만만찮게 귀족들이 많아요. 『공지영의 수도원 기행 2』에 **"로마를 멸망시킨 것이 성적 타락이었는데 성적 타락의 반대말이 거룩함이 아니라 육체노동"**이라고 썼거든요. 저는 요즘 사회적인 언급을 하기도 무섭고 '지난날처럼 운동을 할 수는 없다'는 생각이 많이 들어요.

나만이 할 수 있는
문학적 방식

- 작가님 작품들이 가진 특징인데요. 어느 정도 현실과의

거리를 유지하면서도 예민하게 시대를 감각해 작품을 써 오셨어요. 그런 긴장은 어떻게 감당하시나요?　●

　'예전처럼 소소한 발언을 겁 없이 하지 않겠다'는 결심을 한 거죠. 근데 제 눈에 너무 보이기 때문에 그 예민함을 유지하지 않을 수는 없어요. 다만 SNS 같은 가벼운 형식으로 소화하지 않겠다는 말입니다. 이야기를 안 하겠다는 게 아니라 이제 '나만이 할 수 있는 문학적 방식'으로 하겠다는 결심을 한 거죠.

● 작품으로 표현하실 때는 온도 차이가 있잖아요.『도가니』와『해리』같은 경우도 차이가 있고요.　●

　작품으로 할 때는 훨씬 더 포괄적이고 좀 더 범시대적으로 표현하게 되겠죠. 시대를 가장 예민하게 표현해낸 작품이 좋은 작품이에요. 제가 루카치의 말을 평생 금과옥조로 삼고 있는데요. 소설가에게는 이중의 의무가 있는데 '시대에서 그 엑기스를 추출해내야 한다'는 게 첫 번째 의무고, 두 번째는 '거기에 다시 어떤 의인화된 살을 입혀야 한다'는 거예요.

　이 두 가지가 완전히 반대되는 작업이거든요. 시대에서 추상을 추출해낸 다음에 그것에 다시 외피(구체의 옷)를 입히는 건데요. 제가 천재적이라서가 아니라 나 자신에 대해 명심하고 시대를 추출하려고 노력했던 것의 산물이 『인간에 대한 예의』라든가 『무소의 뿔』 그다음에 『도가니』 같은 작품이에요. 대중적으로 많이 팔리지는 않았지만 『해리』도 그중 하나였다고 생각합니다.

● 사회적 문제를 다룬 『도가니』와 『해리』를 보면 접근 방식이 약간 달랐던 것 같거든요. 『해리』가 좀 더 직접적이라고 할까요? 어떻게 보면 사건과 거리를 좀 덜 두지 않았나 하는 생각이 들기도 합니다. ●

그건 작품을 쓸 때 제가 택하는 거예요. 주제에 따라서 택한다기보다는 소설 쓰는 방법에 대해서 이야기할 때 말했지만요. 처음에 주제를 정하고, 제목을 정하고, 그다음에 가장 중요한 게 작품의 톤을 정하는 거예요. 그 작업이 굉장히 어려워요.

예를 들어 설명하면, 사람을 만든다고 할 때 주제는 골격에 해당하고요. 톤은 피부 같은 거예요. 황인종 중에 흰 피부도 있고 까무잡잡한 피부도 있는 것처럼 톤이란 굉장히 구체적인데요. 이는 작가의 감으로 정하는 수밖에 없어요.

카뮈의 『이방인』에서는 주인공 뫼르소와 작가 카뮈의 거리가 아주 가깝잖아요. 근데 카뮈의 다른 작품들에서는 작가가 주인공과 냉정하게 거리를 두기도 하거든요. 이 방식은 그때그때 작가가 선택하는 건데요. 이게 바로 '작가적 감각'이에요. 그걸 어떻게 판단하느냐는 독자의 몫이죠.

『도가니』는 사건 자체가 매우 충격적이기 때문에 제가 일부러 거리를 두고 서술을 했어요. 작가가 몰입해서 서술하면 자칫 포르노가 될 수도 있기 때문에요. 『무소의 뿔』도 저와 제 주변의 이야기였기 때문에 삼인칭시점을 택해서 일부러 객관적으로 서술하려고 노력했고요. 『해리』도 삼인칭시점이긴 하지만 일부러 내재적 접근을 적용해 페이스북의 메시지들을 활용한 게 저로서는 새로운 시도였죠.

공지영 작가에게 『도가니』의 의미를 묻자 "상처받을 각오를 하고 쓴 아픈 손가락 같은 작품이었는데 그 가시관 같은 소설이 나중에 월계관을 씌워주었다"는 멋진 소감을 들려주었다. 소설 제목을 딴 '도가니법'이 제정되어 장애인과 13세 미만 아동 대상 성폭행 범죄의 공소시효가 폐지되었고, "피해자 아이들이 건강해진 모습만으로도 모든 영광을 다 받은 것 같다"고 했다.

그리고 첫 르포르타주인 『의자놀이』는 『도가니』와 거울쌍 같은 작품으로, 쌍용자동차 사태의 진실을 알려준 책이다. "처음에는 집필을 거절했었고 쓰면서 매우 고생스러웠지만 돌아보니 너무 자랑스러운 책이다. 쓰길 잘했다"고 했다. 맞다. 이 작품들 덕분에 우리 사회가 조금 더 살기 좋은 곳이 되었다.

문학의 역할에 대해서 '약자의 편에 서라'는 메시지를 주는 것이라고 말한 공지영 작가는 스스로 문학의 역할을 충실하게 실행해나가고 있다. 다음 작품이 기다려지는 이유이기도 하다.

독자들에게

독자는 제게
밥을 주시는 분이에요

● 작가님의 글쓰기와 작품에 대한 이야기를 마무리하면서 독자라는 존재에 대한 질문을 하지 않을 수가 없습니다. 베스트셀러 작가라는 수식어는 그만큼 작가님 작품을 좋아하는 독자가 많다는 말이니까요. 작품의 완성에 '독자들에게 읽혀서 반응을 얻고, 독자가 자기 삶에서 그 작품을 향유하고 자기를 변화시키는 것'까지를 포함시킨다고 하면 작가님에게 독자란 어떤 의미인가요? ●

『사랑은 상처를 허락하는 것이다』에 "**내게 밥을 주고 내게 아이들의 양식을 주고 내게 술을 주었던 독자들께 진심으로 감사드린다**"라고 썼는데요. 진심이에요. 엄밀히 말하면 수많은 사람들의 환호는 제게 별로 필요가 없습니다. 하지만 우연히 마주쳤을 때, 요즘 같은 경우는 좀 더 그런데요. 반갑게 인사하면서 "작가님 글을 읽고 상처가 많이 치유됐어요"라고 말하는 분들이 저를 아주 기쁘게 합니다.

다행이고 고맙다

이런 생각을 많이 했어요. '당신이 한 달 후에 죽는다면 지금부터 뭘 하겠나?'라고 묻는다면 어느 순간부터 뭘 할지가 딱 정해졌거든요. 글을 쓸 거예요. 그 당시의 느낌 같은 걸 A4로 열 장이라도 쓰고 죽겠다고 생각했어요. 그러니까 글쓰기가 제 모든 것일 수도 있죠.

제 인생에서 할 줄 아는 게 글쓰기밖에 없어요. 다행히 아무 재능도 없잖아요. 원래 다재다능한 사람이 별로 안 좋아요. 하나만 하는 사람이 좋아요. 그거 외에는 할 수가 없으니까 어쩔 수 없이 그 일을 잘할 거잖아요. 그렇게 죽을 때까지 글을 쓸 거고요. 다행히 글 써서 밥을 잘 먹고 살았으니 고맙다고 생각합니다.

작가로서 나는 얼마나 행운아인지, 인간으로서의 나는 또 얼마나 지극한 사랑 속에 살았는지 말이다. 책을 하나 낼 때마다 달려와 주었던 사람들. 그들이 눈물을 머금고 내게 했던 말들. "선생님 때문에 인생이 바뀌었어요." 생각해보면 그때 이미 나는 작가가 얻을 수 있는 모든 영광의 면류관을 다 얻었고 세상의 모든 작가들이 받을 수 있는 최상의 찬사를 다 받은 것 같다.

◆ 『사랑은 상처를 허락하는 것이다』 가운데

마지막으로, 내일 그리고 우리들 이야기

그럼에도 불구하고
행복합니다

'마지막' 인터뷰 날이 왔다. 여러 차례 인터뷰를 했지만 마지막은 역시 서운하다. '공지영 작가님과 다양한 주제를 두고 이렇게 집중적으로 심도 깊게 이야기를 나누는 시간이 또 올까?'

인터뷰를 하면서 '인생 선배'에게 또는 '내가 좋아하는 책을 쓴 작가'에게 궁금한 걸 묻는 심정이었던 적이 많았다. 즐거운 시간이었다. 오늘 인터뷰를 마치고 나면 인터뷰한 내용을 잘 정리하고 세심하게 다듬어 독자들에게 내가 받은 위로와 감동 그리고 각성과 성찰의 모멘트를 전하는 일이 기다릴 것이다. 인터뷰가 즐거웠던 만큼 편집의 시간도 그러하기를 바라본다.

2008년에 이어 작가님과 두 번째 인터뷰집이다. 다음에 세 번째 인터뷰집도 함께할 수 있었으면 좋겠다. 그때 우리는 어떤 모습으로 무슨 문제들에 대해 웃고 가슴 아파하고 때로는 분노하며 이야기를 나눌까? 벌써 기대가 된다.

공지영 작가는 '고통과 성장'에 대해 많이 이야기하는 만큼 '행복'에 대해서도 강조한다. 논리적으로 당연한 귀결이다. 그의 말을 따라 '고통을 의미 있게 겪어내고 성장하면 행복'을 느낄 테니 말이다. 아리스토텔레스가 "모든 인간은 행복을 추구한다"고 했듯이 우리 삶의 궁극적 목적인 행복에 대한 이야기들을 마지막 주제로 다루었다.

"끊임없이 넘어지고 일어서고 또 넘어졌지만 포기하지 않았어요. 왜냐하면 너무 괴로웠으니까요. 저는 행복하고 평화롭게 잘 살고 싶었어요"라고 했는데, 이처럼 적극적으로 행복해지기 위해 노력하는 사람의 '행복론'을 들어보는 일은 의미가 있다. 공지영 작가가 자주 하는 말 가운데 "너무 행복했어요"가 있다. 그런데 '그래서'가 아니라 '그럼에도 불구하고' 행복하다고 하니 이 또한 위로가 된다.

개인적 행복만이 아니라 이 사회에서 살아가는 '우리'로서의 행복과 연관된 질문과 답도 들어 있다. 공지영 작가는 사회문제를 작품의 주제로 녹여낸 글을 써왔고, 사회적·정치적 문제들에 대해 직접 목소리를 들려주었다. 한동안 공지영 작가의 목소리를 듣기 힘들었는데 오랜만에 이 자리를 통해 그에 관한 생각을 들을 수 있었다.

그래서가 아니라 그럼에도 불구하고

(…)

모두들 행복하시라. 바로 오늘! 바로 지금!
한 번뿐인 당신의 생이 가고 있으니.

◆ 『그럼에도 불구하고』 가운데

품격 있는 삶과 노후

- 누구나 나이 들어가면서 품격 있는 노후를 보내기를 바랍니다. 품격 있게 나이 들어가려면 어떻게 해야 할까요?

품격 있는 삶은 언어와 연결돼요. 아버지가 해주신 이야기인데요. 일제강점기 때 윗누이하고 소학교를 다니는데 자기들과 부모님 사이에서 대화가 점점 없어지더래요. 학교에서 배우는 고급 개념이나 단어 같은 건 일본어로밖에 모르니까요. 부모님과는 "밥 먹었니?" 정도의 일상적인 대화밖에는 할 수가 없었던 거죠.

이런 일은 이민 간 가족들 사이에서도 일어납니다. 학교에서 그 나라 언어를 배운 아이들과 그렇지 못한 부모 사이에서 복잡한 심리 상태에 대한 대화는 힘들어지거든요. 그러면 마음을 나눌 수가 없어서 관계가 멀어질 수밖에 없어요.

우리는 언어로 자신의 마음과 사고를 표현하기 때문에 평소 자기 언어의 품질을 높이는 게 굉장히 중요합니다. 자기가 쓰는 '언어의 질'이 자기 '삶의 질'이에요.

언어의 수준과
삶의 질

그런 맥락에서 지금 한국 사회에서의 언어 타락과 천박함에 대해 작가로서 너무 힘들고 절망하고 있어요. 특히 정치권에서 들려오는 언사들에 대해서요. 왜냐하면 정치인들의 말은 우리에게 영향을 주잖아요. 세상으로 퍼져나가고요. 소위 명문대를 나오고 사회 지도층 인사라는 사람들 입에서 나오는 그 천박한 언어들을 견디기가 너무 힘이 듭니다. 일례로 지난 12월 계엄포고령에 쓰인 그 언어들을 보세요. 누구라도 고용해서 문구라도 현 시대에 맞게 고쳤다면, 최소한 그런 성의라도 보였다면 좀 덜 끔찍했을 것 같아요. 지금 정권을 잡고 있는 사람들도 그다지 다르지 않고요.

그렇다면 '삶의 질을 높이기 위해 우리는 무엇을 해야 할까요?' 책을 읽어서 언어의 수준을 높여야 합니다. 대학에 들어가서 만난 친구들이 소개해준 책을 읽고 공부하면서 제일 기뻤던 건 그 언어들이 가진 풍미였어요. 그런 언어들로 대화할 수 있다는 게 기뻤거든요. 그래서 열심히 따라가면서 찾아 읽고 했던 거죠. 지금도 뭔가 배울 수 있고 느낄 수 있는 대화가 아니면 별로 하고 싶지가 않아요. 이제 제게 남은 시간이 많지도 않고요. 쓸데없는 말을 할 시간에 유튜브에서 좋은 강연을 찾아 듣는 게 훨씬 나아요.

'그래야만 한다'는
당위에 대한 강박 버리기

● 정치권에서 쓰는 언어를 보면 국민을 향한 메시지가 아니라 지지자들을 선동하려는 목적을 띤 것 같기도 해요. 문제는 그 선동을 수준 있게 해주면 좋은데 그렇지 못하다는 거죠. 듣고 있기가 피곤할 때가 많습니다. 작가님이 계속해서 강조하는 게 독서와 이를 통한 언어와 삶의 수준 높이기인데요. 혹시 고통의 순간마다 작가님이 의지했던 단어나 문장이 있나요?　　　　　　　　　　　　　●

'내가 또 한 단계 업그레이드되는구나'라는 생각이죠. 고통이 올 때마다 너무 힘들지만 '이 테스트를 또 통과해야 한다'고 생각해요. 특히 정신적 고통은 반드시 내게 질문을 하고 취약한 점을 분명히 지적합니다.

제가 이혼하지 않기 위해서 몸부림치면서 고통받았던 것

들은 '사람은 반드시 결혼해서 보수적인 의미에서의 가정을 이루고 해로(偕老)하는 것만이 행복이다'라고 생각한 강박을 말해주는 거예요. 그 강박에 너무 오래 시달렸어요. 그게 강박이라는 것도 몰랐기 때문에 버리지 못했어요. 가정을 이루고 해로하는 게 좋은 거니까 당연하다고 생각했고, 그래서 어떻게든 잡으려고 했던 건데요. 그 강박을 놓고 나니까 온 세상의 자유가 오더라고요. 그런 강박들을 인지하는 데 시간이 굉장히 많이 걸렸습니다.

몇 번 이야기했지만 '아이들이 공부를 못할 때 왜 고통스러운가?'를 나 자신에게 계속 질문했는데, 마지막에 남은 대답이 '남들에게 자랑하고 싶어서'일 때 아이들이 공부를 잘해야 한다는 강박을 딱 내려놨어요. 어쩌면 사람들은 다른 이들이 '이건 이거고, 저건 저거야'라고 정해놓은 개념으로 자신의 감정까지 정의하는 걸 수도 있어요.

지인이 자식 일로 조언을 구하면서 "내 딸이 불행한데 내가 어떻게 행복해"라고 했는데요. 사실은 딸의 인생에 간섭하고 딸을 지배하고 싶은 거예요. 본인이 그걸 깨닫지 못하니까 제가 충고를 하면 펄펄 뛰어요. 남이 말한다고 되는 게 아니고 스스로 깨달아야 해요. 저도 그걸 깨닫고 나서는 아이들에게 "너희들 알아서 독립하고 더 이상 엄마한테 기대하지 마"라고 말한 거예요.

관계에 연연하지 않고
당당하기

물론 저도 이렇게 오기까지 많이 연습했죠. 사람들이 말하는 '행복' 있잖아요. 예를 들면 아들과 며느리가 어버이날 찾아와서 카네이션 달아주고 하는 행복 같은 거요. 누군가가 말하는 '그래야만 한다'는 증후군을 버린 거예요. 요즘 친구들 프로필 사진 보면 손주 사진들이 매일매일 올라오는데 이쁘긴 하지만 조금도 부럽지는 않아요.(웃음) 저야말로 남편과 아이들과 함께 만드는 가정이라는 보수적 형태의 가족 개념을 신봉했었어요. 제 주변 사람들도 다 그랬고요. 근데 그 당위성을 깨버리는 순간 엄청난 자유와 공간이 열리더라고요.

인터뷰 기획회의 때 제가 '어느 날부터인가 품격 있는 노후를 보내기로 결심했다'라고 말한 게 그런 의미예요. 솔직히 생일 챙기는 것도 귀찮아하지만 어쨌든 아이들이 돈이라도 주면 좋겠죠.(웃음) 요새는 간편하게 모바일로 선물 주고받기가 되잖아요. 저도 아이들에게 그렇게 선물을 보내니까 "엄마 생일인데 모바일 선물 쿠폰이라도 하나 보내야 하는 거 아니니? 그래도 엄마가 너희들을 이렇게 키웠는데"라고 하면 뭐라 뭐라 하면서 쿠폰을 보내거든요. 그건 제가 받아내요.(웃음)

근데 예를 들면 "너희들은 엄마가 아픈데 어쩌면 이렇게 무심할 수가 있니" 하는 말은 안 하겠다는 거죠. 그건 아이들의 의무가 아니에요. 너무 아프면 부탁을 하면 되는 거죠. 아직은 그렇게 아픈 적도 없었고요. 관계에 대해서, 예를 들면 아이들한테 "너희들 엄마 생일인데 카드라도 보내라"라고 하는 건 나의 권리지만 "너희들 엄마한테 왜 이렇게 무심하니" 하는 건 동정표를 요구하는 것이거든요. 그래서 그러지 않으려고 합니다.

친구에게도 마찬가지예요. 얼마 전에 친한 친구가 서운하게 하기에 "너 어떻게 나한테 그럴 수가 있니?"라고 말해놓고 엄청 후회했거든요. 이제 그러지 않으려고 해요. 그 친구에게는 자기가 하고 싶은 대로 할 자유가 있는 거니까요.

생각해보니까 관계에서 관심이나 동정 같은 걸 약간 구걸하면서 살았던 것 같아요. 혼자 있는 게 두려워서요. 혼자가 되는 것도 두렵고요. 근데 '내가 정말 혼자 있어봤나' 하고 생각해보니 해보지도 않고 두려워한 거였어요. 에픽테토스Epiktētos가 남긴 "우리를 괴롭히는 것은 사물 자체가 아니라, 그 사물에 대한 우리의 판단이다"라는 유명한 말이 있어요. 이 구절을 '그 사건이 당신을 불행하게 하는 게 아니고 그 사건에 대해 당신이 가지고 있는 표상, 즉 이미지가 불행하게 만든다'라고 해석할 수 있는데 이게 맞는 말이죠.

혼자 있는 게, 어떤 이에게는 자유고 어떤 이에게는 외로움일 텐데요. 요새는 혼자 있는 게 너무 좋고 해서 이제 관계에서 관심이나 동정을 구하지 않겠다고 마음먹었거든요. 말했다시피 마음먹은 대로 잘 안 되지만요. 그래도 또 결심하고 해보는 거예요. 당당함과 자존감은 이런 결심만으로도 무척 높아집니다.

죽음을 준비하다

● 노후의 삶에서 한발 더 나아가 인간의 마지막 단계인 죽음에 대해 질문을 드리겠습니다. 작품 속에서 죽음의 문제를 자주 성찰하셨고 그런 흔적이 많이 느껴지는데요. 작가님에게 죽음이란 어떤 의미인가요? ●

왜 그랬는지 모르겠는데 어렸을 때부터 죽음에 대해서 많이 생각했어요. 의식적으로 죽음에 대해서 처음 생각했던 게 중학교 1학년 때였어요. 성당 서점에 얇고 작은 판형으로 『죽음은 왜?』라는 책이 있었어요. 그 책에서 많은 걸 얻지는 못했는데 '왜 죽어야 하나? 죽는다는 건 뭘까?' 하는 생각들을 하면서 '죽음이 뭔지는 모르겠지만 인간이 죽지 않으면 정말 끔찍할 것 같다'고 나름대로 정리를 했어요. '죽음이 결코 나쁜 것만은 아니다'라고 생각했고, 그 후로도 계속 죽음에 대해서는 거의 잊지 않고 살았어요.

● 『너는 다시 외로워질 것이다』에 '죽음을 준비하고 있어요'라고 쓰셨는데요. 죽음의 문제는 '어떻게 살 것인가'의 문제와도 연결되어 있습니다. 작가님 곁에 연로한 부모님도 계시고요. 부모님이 나이 들어가는 모습을 보면서 어떤 생각을 하시나요? ●

두 분 다 아흔이 넘으셨는데요. 여든 살 정도부터 항상 "됐다, 이제 내가 살면 얼마나 살겠니"라는 말씀을 하셨어요. 그 후의 시간이 모두 허송세월이 된 거죠. 취미 활동 외에는 뭘 안 하셨어요. 엄마는 평생 전업주부로 지내신 분이고 아버지는 은퇴 후에 그림 배우러 다니면서 굉장히 즐겁게 생활하셨어요. 두 분이 큰 병에 걸리신 적은 없는데요. 나이 들면서 잔병들의 급습이 삶의 질을 크게 떨어뜨리는 거예요. 그러니까 스트레스가 쌓이고 두 분이 같이 계시니까 그게 더 가중되죠.

제가 아버지를 매우 존경하고 정말 못하는 게 없는 분인데요. 혼자서는 라면도 못 끓이고 달걀프라이도 못 해요. 저는 이 사실이 너무 충격이에요. 이게 삶의 질을 너무 떨어뜨리거든요. 그래서 남자들에게, 아들들에게 하고 싶은 말이 "요리를 배워라"예요.

남성 노인 자살률이 여성 노인보다 높은 이유 중 하나가 식사 준비 등 기본적인 생활 능력의 부족이라고 하잖아요. 누가 챙겨주지 않으면 혼자서는 해결을 못 하니까요. 저희 아버지도 엄마에게 의존할 수밖에 없고 엄마는 엄마대로 스트레스가 쌓이죠. 그런 모습을 보면서 '저렇게 보내는 노년은 정말 싫다'는 생각을 했습니다.

제가 10년 전으로 돌아가 두 분에게 충고를 드릴 수 있다면 "집을 팔고 작은 오피스텔 두 채를 얻어 옆집에서 나란히 사세요" 하고 싶어요. 부질없는 생각이지만, 그랬다면 두 분의 삶의 질이 지금보다 훨씬 좋지 않았을까 하거든요. 하지만 두 분만 해도 떨어져 있는 것, 특히 부부가 떨어져 산다는 건 상상도 못하는 세대의 분들이죠. 그나마 칠십이 넘어서 방은 각자 따로 쓰시더라고요.

죽음에 대한
공포와 깨달음

혼자 지내면서 '내가 죽었는데도 발견이 안 되면 어떡하지' 하는 공포가 있었어요. 혼자가 되는 걸 두려워한 끝에는 그런 생각이 있었던 거예요. 몇 달 동안 그 생각에 골몰했어요. 특히 여긴 산골이고 아이들이나 가족들과도 멀리 떨어져 있으니까요. 근데 어느 날 해결을 했어요. 가톨릭 책도 읽고 하면서 깨달은 거예요. '그건 내 소관이 아니다.' 그러니 그저 하늘의 은총을 바라는 거죠.

한번은 제주에서 김포로 오는데 강풍이 너무 심해서 비행기가 계속 착륙을 못 하더라고요. '아, 여기서 죽는구나. 각오하자' 했죠. 마음의 준비를 하려고 했는데 걸리는 게 없더라고요. 너무 놀랐어요. 아이들도 '다 커서 독립했으니 알아서들 하겠지' 했고요. 그래서 '하느님, 갈 때가 됐으니 데려가셔도 되는데 너무 아프지만 않게 해주세요' 하고 기도했어요. 예전에는 '저 없으면 애들 어떻게 해요' 했는데, 어느 날 '뜻이 있으니 데려가시겠지. 애면글면하지 말고 부르시면 가자. 내가 없으면 하느님이 알아서 하시겠지' 하고 맡겨버렸거든요. 이런 게 신앙의 좋은 점입니다.

그랬는데 무사히 도착을 했어요. 예전에는 그런 일 겪고 나면 '하느님, 너무 감사합니다. 이제 잘 살겠습니다'라고 했는데 그날은 신기하게 아무 생각이 안 들더라고요. 그렇게 기쁘지도 않고 담담해서 저 자신에게 너무 놀랐어요. 그때가 2017년이었으니까 쉰 살 좀 넘었을 때인데 '그동안 내가 아이들에 대해서 엄청난 부담감과 책임감을 가지고 있었구나'를 알게 됐죠.

그 책임감이 얼마나 큰지 몰랐는데 둘째가 고등학교를

졸업했을 때 맥이 탁 풀리더라고요. 그때부터 글을 쓰기가 너무 싫은 거예요. 약간 번아웃이 온 것 같기도 했고요. 그러고 막내까지 대학 들어가고 나서는 여기로 이사를 왔죠. 글을 쓰기가 정말 싫더라고요. '나는 이제 자유야' 이런 생각을 하면서요. 우리 아이들이 들으면 기겁하겠지만요.(웃음) "엄마는 완전 자유부인 아니었어?" 이럴 텐데 '내가 가장이라는 무게를 무겁게 지고 있었구나'를 알았죠.

지상에 미련 둘 것을 가지지 않도록 조심하자

가톨릭 격언에 "새가 굵은 밧줄에 묶여 있든 가는 실에 묶여 있든 묶여 있는 한 날아오를 수 없다"는 말이 있어요. 지상에 미련을 두면 그게 큰 미련이든 작은 미련이든 올라가지 못한다는 거죠. 우리 강아지 동백이도 안 키우려고 했던 게, 떠날 때 미련이 남을 걸 가지지 말자는 생각에서였거든요. '돈도 있을 때 빨리 잘 사용하자' 생각하고 있는데요.

지난겨울에 건강검진하고 나서 암일 수도 있다고 하는데 그때는 싫더라고요. 암이라면 완전 초기일 거라고 하는데, 그렇다면 치료를 받아야 하나 아니면 나의 평소 지론대로 치료받지 않고 죽어야 하나를 고민했어요. 근데 나 스스로 웃겼던 반응이요. 조직검사 날짜 정하고 내려와 기차역에 도착해서는 저녁거리 사러 마트를 갔어요. 광어회가 비싸서 못 사 먹었는데 그날 두 팩을 샀어요. '내가 백 살까지 살 거면 돈을 아껴야 하지만 곧 죽을지도 모르는데 맛있는 거 실컷 먹어야지' 이러면서 사 와서는 맛있게 먹었어요.(웃음) 검사 결과 암은 아니었지만 그때는 죽을 수도 있다는 게 싫더라고요.

지상에 미련을 두지 않도록, 또 두고 가면 아까운 걸 만들지 않도록 조심해요. 박경리 선생님의 유고 시집 제목이기도 한 "버리고 갈 것만 남아서 참 홀가분하다"는 말이 너무 와닿았어요. 근데 저는 버리고 갈 것들이라고만 생각하지는 않고 다 소중해요. 그럼에도 불구하고 굳이 내가 떠나는 걸 막지는 않는 것들이죠. 동백이 하나가 약간 걱정이지만 '하느님께 아이들도 맡겼는데 동백이는 못 맡길까' 생각하고요. '홀연히 가고 싶어요. 다른 것에는 거의 미련 없어요'라고 아직은 말할 수 있습니다. 미래에 생길지도 모르지만요.

가능한 한 항상 '애면글면하는 걸 만들지 말자'는 걸 의식해요. 여기서도 신앙생활이 굉장히 중요해요. 사람들이 "너는 죽고 난 다음에 대해 확신이 있어?" 하고 물어보는데요. 솔직히 확신은 없어요. 그건 몰라요. 근데 죽음 다음이 있다고 믿고 사는 이 삶이 매우 행복해요.

● 우리가 죽고 난 다음에 천국이나 지옥으로 간다고, 즉 사후 세계가 있다고 생각하시나요?

● 내세가 있다고, 하느님도 계시고 우리도 영원히 어떤 삶을 산다고 생각하고 사는 게 제게 상당히 좋은 영향을 줘요. 그런 게 있는지 없는지 모르고, 내가 눈을 감았는데 그게 끝이라고 해도 솔직히 별 문제는 없어요. 저는 오히려 인간들이 안 죽는 게 더 큰 재앙이라고 생각하거든요. 근데 죽음 다음이 있다는 생각이 현재의 삶을 굉장히 기쁘게 만들어줍니다. 삶의 의미에 대해 더 많이 생각하게 해주고, 또 그런 정의의 심판이 있다면 이 세상이 약간 불의不義해도 견딜 수 있는 힘 같은 게 좀 생기는 거죠.

집에서
혼자 죽기를 권하다

● 사람들이 젊을 때는 혼자서 지내는 것도 좋을 것 같다고 하고 오히려 자유롭게 혼자 살고 싶다는 사람들도 많은데요. 그러면서도 죽을 때 고독사를 할까 봐 두려워해요. 그래서 결혼을 하거나 가정을 이뤄야 하지 않나 하더라고요.

● 저도 쓸까 말까 하다가 『너는 다시 외로워질 것이다』에 썼는데, 친구들과 하나씩 절교할 때마다 '이러다가 죽을 때

내 옆에 아무도 없는 거 아니야' 하는 공포가 있었는데요. 일본의 여성학자이자 사회학자인 우에노 지즈코의 『집에서 혼자 죽기를 권하다 — 건강하게 살다 가장 편안하게 죽는 법』라는 책에서 해결책을 찾았어요. 정말 좋은 책이에요. 저자는 나이 들어서 중증 병에 걸렸을 때 병원에 가기보다는 지역의 치료 간호 서비스를 받다가 집에서 죽기를 권합니다. 너무 재미있는 게, 작가가 자기는 살아서도 혼자가 좋았는데 죽는다고 사람들이 북적이는 건 싫다고 해요.(웃음)

● 가족이 있든 없든 죽을 때는 누구나 혼자가 아닌가 생각하거든요. ●

'아무도 없이 혼자서 죽으면 어쩌나' 하는 원초적인 공포가 있죠. 근데 자기 소관의 일이 아니에요. 예를 들면 심장마비로 쓰러졌는데 '누가 119 좀 불러주면 좋겠다, 나는 살고 싶다' 하는 경우에는 고독사예요. 죽고 싶지 않은데 혼자 있어서 병원에 못 가고 안타깝게 죽는 건 고독사죠. 근데 저는 그렇게 연명하고 싶은 생각이 없고요. 또 '그렇게 죽는다 한들 그다음은 시신을 발견한 사람이 해결할 일이지 내 일이 아니야'라고 생각하고 나서 그 걱정에서 벗어났어요.

이 자연 속에서 또 하나 크게 깨달은 게 있는데요. 산에 큰 고목이 쓰러져도 아무 걱정 안 해요. 다 분해돼서 자연으로 돌아갈 거고 아무것도 해치지 않으니까요. 근데 비닐봉지가 하나 날아가면 그건 눈에 거슬려요. 분해가 안 되니까 잡아야 하고요. 다행히 우리 몸은 분해가 되잖아요. 저는 '죽으면 수목장을 해서 거름이나 됐으면 좋겠다'고 생각하니 다른 건 문제가 안 되더라고요. 요즘에는 건강 체크해주고 긴급한 상황에 대신 연락해주는 웨어러블 기기들이 있으니까 혼자라면 그런 것들의 도움도 받을 수 있죠.

열 아들보다
국가가 더 효자

얼마 전 가족 모임에서 좀 안 좋은 일이 있어서 석 달 정도는 안 가려고 해요. 석 달 지나서도 마음이 안 내키면 계속 안 가는 거고요. 제가 이런 말을 하면 사람들이 그 자신감은 어디서 오는 거냐고 묻는데요. 혼자 있는 것의 즐거움을 알고 나서 얻은 거예요.

여기서도 사회시스템들을 유심히 살펴보거든요. 어제도 지나가다 보니까 '방문 요양 신청받습니다'라는 것도 있더라고요. 지방이 의외로 그런 게 잘돼 있어요. 저희 부모님도 나이가 많이 드니까 병원 바로 옆에 살아도 혼자서 못 가요. 거리가 너무 가까워서 택시도 못 부르고요. 반드시 누가 모시고 가야 합니다. 그래서 '차라리 집에서 방문 요양 서비스 같은 걸 받다가 죽는 게 더 좋겠다. 국가 시스템에 의존하겠다'고 생각한 거예요.

마무리도 국가가 잘해주면 좋겠어요. 캐나다에 사는 분 말씀이, 거기는 노후에 이용할 수 있는 시스템이 잘 갖춰져 있다고 하더라고요. "열 아들보다 국가가 더 효자"라고 하는데 이 말이 맞죠. 그래서 세금 도둑질을 열심히 신고하고 있어요. 그게 다 우리가 노후에 쓸 재산이잖아요. 선진국들이 조세 포탈을 중범죄로 취급하는 데는 이유가 있는 거죠. 카드 안 받는 가게가 있으면 "이렇게 현금 받아서 세금 신고 안 하면 안 되잖아요" 하면서 뭐라고 해요.(웃음)

"혼자서 뭐 하고 지내요?" 하고 물으면 나는 가볍게 "네, 저는 죽음을 준비하고 있어요"라고 한다. 사람들은 못 들을 소리라도 들은 듯 소스라친다. 그리고 행여 자살이라도 하려는 여자를 보듯 내 기색을 살피다가 내가 많이 명랑해 보이는 것을 확인하고는 약간 의아한 표정으로 바뀐다. 그들이 더 물으면 그것에 대해 나는 할 이야기가 많을 테지만, 대개 사람들은 죽음에 대해 아무도 더 입을 열지 않는다.

◆ 『너는 다시 외로워질 것이다』 가운데

내가 꿈꾸는 나라

공지영 작가의 작품을 이루는 두 축은 영성靈性과 지성智性이다. 영성이 종교에 대한 믿음과 성찰을 통한 성장 등을 바탕으로 한다면, 지성은 사회와 인간에 대한 애정을 바탕으로 한다. 그는 언제나 개인의 삶과 사회의 문제를 함께 바라보면서 작품을 써왔다. 한 인간의 내면을 들여다보는 일이 곧 그 시대가 품고 있는 상처와 모순을 드러내는 길이기도 하기 때문이다.

그래서 공지영 작가의 작품 속 인물들은 단순히 개인이 아니라 시대와 맞서거나 시대를 견뎌내는 존재로 살아간다. 문학은 현실로부터 도망치는 은신처가 아니라 우리가 함께 직면해야 할 질문을 던지는 자리라고 믿기 때문이다. 공지영 작가의 많은 작품들이 사회 전체에 커다란 메시지를 줄 수 있었던 이유일 것이다.

● 시선을 돌려서 사회적 이슈들에 대해 질문하겠습니다. '워라밸'이 우리에게 중요한 조건이 됐고 또 일이나 직장 생활에 올인하지 않는 사람들도 많아졌는데요. 예전과는 달라진 이런 세태를 어떻게 보세요? ●

제가 바라는 게 최저 시급을 받고도 나름대로 살 수 있는 나라예요. 강연 가서도 많이 하는 말인데요. 아프리카의 수단이나 에티오피아 등으로 봉사활동을 갔었는데 거기 구호단체에서 마중을 나왔더라고요. 근데 그 사람들이 옥스퍼드 같은 명문대학을 나온 인재들이었어요. 예전에는 우리나라도 유엔이나 홀트Holt 같은 국제기구가 최고의 직장이었거든요. 저희 아버지도 미시간대학교에서 유학하고 와서는 국제기구에서 일을 하셨어요. 그래서 강연 가서 "저는 명문대학을 나오고 고국으로 돌아와 국제기구에서 일하는 나라보다는 의무교육 정도 마치고서도 적절한 곳에서 일할 수 있고 소소하게 취미활동하면서 살 수 있는 나라가 좋고 그런 나라에서 살고 싶은데, 여러분은 어떠세요?" 하고 묻거든요.

저는 모든 사람들이 부자가 되고 싶어 한다고 생각하지 않아요. 몸이 아프다든지 하는 등의 위급한 상황에서 생계를 위협받는 정도의 상태로 떨어지지 않는다는 보장이 있다면 기본적인 생활비를 벌면서 일에 너무 얽매이지 않고 자유롭게 살고 싶은 사람도 많거든요. 우리 아이들도 그렇게 살고 있고요. 또 부자가 되겠다든지 상류층으로 올라가겠다는 욕심들이 없어요. 그래서 이런 사람들도 나름대로 살아갈 수 있는 나라를 만들어주고 싶어요.

최저 시급으로도
인간적으로 살 수 있는 사회

● 젊은 층에는 작가님과 같은 생각을 가진 분들이 꽤 있는 것 같아요. 윗세대에서 보면 '야망도 없고 개인주의적이고 다소 게을러 보인다'고 평을 하기도 하지만요. 노동시간이 이처럼 긴 한국에서 '나를 갈아넣지 않고 일하면서 소소하고 인간적인 형태의 개인 삶을 즐긴다'는 건 아직은 꿈같은 이야기지만, 너무 좋죠. 저도 당연히 그런 상태를 바랍니다.(웃음)　　　　　　　　　　　　　　　●

저는 원래부터 그런 생각이었어요. 요즘 세대와 비슷한 성장 과정을 먼저 경험해서 그럴 거예요. 교육받은 부모님을 두고 남녀차별이나 공부에 대한 강요 없이 고층 아파트에서 풍족하게 살았는데요. 진보적이고 리버럴하게 생각할 수 있는 환경에서 자란 거죠. 물론 제가 잘나서는 아니고 비슷한 환경에서 그렇지 않은 사람도 있지만요. 그래서 같은 1963년생이지만 성장 환경이 달랐던 작가들의 작품에 공감을 하지 못했어요. 나중에 보니까 전라도 어느 지역은 1990년대가 돼서야 전기가 들어온 곳도 있더라고요.

제 소설의 가장 큰 팬들이 1990년대 학번이에요. 저보다 열 살 정도 후배들이죠. 제가 10년 정도 앞서 살았기 때문에 그분들과 정서가 비슷한 거예요. 딸한테 『토지』를 읽어보라고 권했는데 이해를 못 하더라고요. 다른 것보다 땅에 대한 집착 같은 것에 공감을 못 해요.

1960년대 초부터 1990년대 중반까지 우리나라가 개발도상국이던 시절을 지낸 사람들이 요즘 젊은 층에게 하는 "너희들은 야망도 없고 게을러"라는 말이 제게도 적용되는 것 같아요. '그렇게까지 열심히 일해야 하나?' 하거든요. 배를 곯거나 등록금 때문에 울어본 적이 없어서 그럴 거예요. 요즘은 비교적 가난할 수는 있지만 절대적으로 빈곤하지는 않잖아요.

스웨덴 같은 나라가 사회 정책적으로 세금을 많이 걷으면서 '큰 부자는 될 수 없겠지만 죽지는 않게 해줄게. 최소한의 삶은 살 수 있도록 보장해줄게' 하는 거잖아요. 그러니까 일부 고소득층은 높은 세금을 피해 다른 나라로 이주하기도 하지만, 중산층과 저소득층 또는 노령층에게는 복지 혜택이 돌아가는 거죠. 우리에게도 이런 스웨덴 같은 모델이 의미가 있을 수 있다고 보거든요.

스웨덴 같은
사회민주주의의 모델에 대하여

● 스웨덴을 포함해 북유럽의 사회민주주의를 시행하는 나라들 이야기를 많이 하잖아요. 이제는 계층 이동이 가능하지 않은 상태임에도 불구하고 여전히 그걸 꿈꾸며 살지 말고, 한국 사회도 패러다임의 전환이 필요하지 않은가 하는 생각을 하거든요. 근데 가능할까요? 그런 사회로 가기 위해서는 정책은 물론이고 국민적 합의와 무엇보다 서로서로의 희생이 필요하잖아요. 지금보다는 좀 더 안전하고 안정감을 느낄 수 있는 사회를 원하고 미래의 세대들은 부디 그런 사회에서 살았으면 하는데 갈 길이 멀지 싶습니다. ●

세계화된 세상에서 서울의 집값이 내려갈 수는 없는데요. 열심히 일하면 큰 위기는 없다는 공감대가 형성돼야 해요. 임대주택도 더 늘려야 하고요. 국민 수준이 지금과 같으면 희망이 없어요.

독일이나 스위스 같은 나라들은 초등학교 4학년쯤에 실업계와 인문계를 나누는데요. 성인이 돼서 10년 정도 각각의 분야에서 일한 다음에 비교해보면 연봉 차이가 크지 않다고 해요. 그러니까 일찌감치 각자 적성과 흥미에 맞고 잘할 수 있는 분야로 가는 거예요.

근데 우리나라처럼 공부 잘해서 좋은 대학 나온 사람과 그렇지 않은 사람 사이에 연봉 차이가 크면 누가 공부를 안 시키겠어요. 능력이나 관심 또는 적성과 상관없이 공부에만 전력투구하라고 할 수밖에 없죠. 근데 누누이 말하지만 누구나 다 공부를 잘할 수는 없잖아요. 이처럼 하나의 기준에서 획일적인 목표를 두면 계속 불안하고 피로할 수밖에 없어요. '집값은 안정돼야 하지만 내 집은 올라야 한다'고 생각하면 발전이 없습니다.

여론을 자꾸 모아야 해요. 불합리한 것들을 계속 이야기하고 다양한 목소리를 내야 합니다. 우리처럼 다이내믹한 나라는 앞으로 뭐가 어떻게 될지 몰라요. 그러니 계속 의견을 말하고 비판하고 수정하면서 되든 안 되든 해보자고요. 근데 우리는 좀 돼요. 올바른 의견은 존중해주고 극단적인 행태는 버리고요.

그래도 우리 사회가 꽤 좋아졌어요. 역사는 진보하고 발전해요. 안 될 거라고 생각했던 일들이 되게 된 데는 거기에 목숨을 걸고 피를 흘린 사람들이 있었기 때문이고요. 그들 덕분에 지금 우리가 피를 좀 덜 흘리게 된 거죠.

진보는
나라 걱정 안 해도 되나요?

얼마 전에 한 후배와 차별금지법을 두고 의견 차이가 있었는데요. 제가 차별금지법에 대한 강의를 들어서 이 법이 위험할 수 있다고 판단을 하거든요. 우리는 약소국이에요. 스위스 같은 나라도 차별이 심한데 거기는 그래도 돼요. 그러지 않으면 그 강대국들 사이에서 살아남지 못하니까요. 근데 우리는 왜 이렇게 대국처럼 구는지 이해가 안 가요.

지금 지방선거에 투표권을 가진 중국인들이 십만 명이라고 하는데 하동 인구보다 많은 수예요. 이 수가 백만이 되는 건 일도 아니죠. F-5 비자가 영주권과 비슷한 거잖아요. 이 비자를 가진 사람들에게 왜 지방선거 투표권을 주는 거예요? 우리는 중국 가서 아무리 오래 살아도 투표권을 못 얻잖아요. 예를 들면 투표권을 가진 중국 사람이 하동 인구보다 많으면 친중 하동군수가 나올 수도 있는 건데, 왜 이런 걸 '열어줘라, 이들을 차별하면 안 된다' 하는 건가요? 우리는 강대국이 아니에요.

물론 이런 제 의견이 비진보적이라고 생각합니다만 저는 '진보병자들'도 위험하다고 봐요. 이번에 트럼프가 좋은 말을 했더라고요. "나라를 후퇴시키면서 어떻게 진보라고 할 수 있죠?"라고요.(웃음) 예를 들면 일본인들 십만 명 정도가 투표권을 얻는다고 생각해보세요. 독도는 자기들 땅이라고 하지 않겠어요? 투표로 결정이 나면 우리가 할 말이 없는 거잖아요. 중국 인구가 일본의 열 배인데 이에 대해서는 왜 경각심이 없는지 이해가 안 됩니다.

제가 이 문제를 두고 어떤 신부님하고 의견이 갈린 이유는요. 심지어 중국은 종교의 자유도 없고 가톨릭을 탄압하는데 왜 그들한테 문을 다 열고 투표권도 줘야 하느냐는 거예요. 그런 경각심 없이 대인배인 양 행동하는 건 문제가 있다고 봅니다. 진보는 나라 걱정 안 해도 되나요?

난민 문제에 대하여

● 지난 인터뷰에서 '우리나라에 난민 수용을 허용하자'는 말과 '난민을 평등하게 대하자'는 서로 다른 말이라고 하셨어요. 중요하면서도 어려운 문제입니다. 그러면서 예전에는 난민 수용을 허용하고 반대하는 문제를 단순하게 생각했는데, 생각이 바뀌었다고 하셨고요. 이런 이슈에 대해서 열려 있는 논의의 장이 필요하다고 하셨습니다.   ●

난민 수용 문제도 다각도에서 논의해봐야 합니다. 유럽의 많은 나라들에서 난민 수용으로 인한 사회적 문제가 발생했잖아요. 특히 캐나다는 요즘 나라 전체가 들썩이고요.

캐나다처럼 큰 나라에서도 문제가 되는데 우리처럼 작은 나라에서는 더 심각하게 논의해야죠. 물론 난민을 죽게 내버려두자는 건 절대 아니에요. 하지만 전면 수용도 아니라는 거죠. 불쌍하다고 해서 무조건 받아들일 수는 없어요.

예를 들면 어떤 지역에 구획을 정해서 그들의 나라가 안정될 때까지 먹을 것과 인도적인 지원과 아이들 교육을 제공하고 나서 어느 정도 회복이 되면 돌려보내거나 큰 나라로 이민을 보내거나 하는 정책들을 생각해봐야죠. 무조건 받아들여서 자유롭게 다니게 하면 수습할 수 없어요. 이런 문제에 대해서 진보와 보수가 적당히 그 길항을 생각하면서 지혜롭게 논의해야 합니다. 저는 난민 문제에 대해서는 어느 정도 보수적인 입장이에요.

CCTV 같은 문제도 개인의 프라이버시와 상충되지만 저는 보안이 중요하기 때문에 프라이버시를 약간 포기하겠다는 입장이거든요. 특히 여자 혼자 사는 경우에는 치안이 중요하니까 저는 약간 보수적이 될 수밖에 없어요. 이런 문제에 대해서 진보라는 미명하에 무조건 우기면 안 된다고 생각합니다. 요즘 '저 진보들'이 제게 "너 보수야? 국힘(국민의힘)이야?" 하거든요. 그런 소리를 얼마나 많이 듣는지 몰라요. 그래서 "국힘도 옳은 소리 하면 지지할 수 있지" 했더니 후배들이 "그래도 어떻게 그래요" 이러는데요. 그게 바로 비

진보적인 생각이에요.

국회의원이나 정치인 들은 다 국민의 머슴이에요. 그때그때 일 잘하는 사람을 뽑으면 되는 겁니다. 정치인은 믿으면 안 되고요. 제가 집에 수리할 곳이 생기면 믿을 만한 분께 공사를 맡기는데요. 그분들을 믿고 지지하지만 감독을 안 하지는 않잖아요. 정치인들을 향한 팬덤이라는 게 이해가 안 돼요 그들은 숭배와 신앙의 대상이 아니라 우리가 잘 감시하면서 일하도록 부려야 하는 거예요. 우리 돈으로 살잖아요.

민주주의의 위기에 대하여

우리나라가 헌법상 복수정당제를 보장하지만 실질적으로 다당제가 정착된 건 민주화 이후라고 알고 있어요. 그 후로 지금처럼 극단의 양당으로 갈린 적이 별로 많지는 않은데요. 윤석열 정권이 들어서고 나서 다시 극단적으로 대립하고 있습니다.

우리는 히틀러가 투표로 당선됐다는 사실을 늘 명심해야 합니다. 또 히틀러가 추방될 위기가 있었는데 독일 사법부에서 봐주는 바람에 다시 나치가 다수당이 돼서 독일을 파국으로 몰아간 거예요. 독일만 망하게 했나요. 인류 전체에 돌이킬 수 없는 오점을 남겼잖아요. 당시 독일에서 히틀러와 나치스에 반항했던 사람이 몇 명이 안 됩니다. 이건 정말 독일이 창피해해야 한다고 생각해요.

그때 반항한 사람들로는 뮌헨대학에서 시위하다 체포되고 사형당한 한스Hans와 조피 숄Sophie Scholl 남매가 있어요. 그들의 이야기가 『아무도 미워하지 않는 자의 죽음』이라는 책으로 나와서 우리 젊었을 때 많이 읽었어요. 그다음에 본회퍼Dietrich Bonhoeffer 목사 그리고 알프레드 델프Alfred Delp라는 예수회 신부 정도예요.

군 내부에서 미수에 그친 암살 시도가 한 번 있었지만 민중은 가만히 있었고 사회 전체가 똘똘 뭉쳤었어요. 어떻게 그럴 수가 있었는지 말이죠. 당시의 일본보다 못한 건데요. 그런 의미에서 독일은 영화와 같은 매체를 통해 망신을 좀 당해도 괜찮아요.(웃음)

소금 역할을
하지 못하는 지식인들

● 극단으로 갈라진 양당을 따라 그 지지자들도 대립하고 있는데요. 정치 기사 하나에도 서로 질세라 댓글을 달고 SNS 등에 올라오는 게시물들로도 치열하게 싸우더라고요. 서로를 '악'으로 치부하는 듯해서 걱정스럽고요. 싸우는 내용도 이성적 판단이라든지 지성에 기반한 논의가 아니라서 사회적 합의를 이끌어낼 논의의 장 역할을 할 것으로 보이지 않습니다. 물론 우리 사회에 양 극단만 있는 건 아니고 다수의 올바른 생각을 하는 사람들 덕분에 유지가 되고 있지만요. 극단주의적인 형태와 반지성주의적 움직임이 분명히 있고 정치인들이 이를 교묘하게 이용하고 선동하는 게 더 문제가 아닐까 싶어요. 그리고 이런 반지성주의는 출판에도 영향을 끼치거든요. ●

그럼요. 영향을 많이 끼치죠. 제가 얼마 전부터 사태를 절망적으로 보기 시작한 건요. 박정희나 전두환 같은 독재정권 시절에도 지식인들이 바른 말을 했어요. 소수여서 그렇지 분명히 출판물도 있었고 언론이 역할을 했었는데 지금은 아무도 아무 말도 안 해요. 이 사회의 지식층이 죽은 건 아닌지 걱정이 됩니다. 정권이나 사회는 언제고 조금 나쁠 수도 있고 더 좋을 수도 있는데요. 비판적 지식인층이 발언하지 않고 숨을 죽이면 나라 전체가 썩기 때문에 이게 가장 큰 위기라고 봅니다.

심지어 젊은 층에 엄청난 영향력을 행사하는 어떤 사람은 거꾸로 이야기를 해서 왜곡되게 만드는데요. 젊은 사람들이 몇몇 인사들을 무조건적으로 추종하기도 하고 막연히 진보들은 왠지 똑똑할 것 같다는 환상을 갖잖아요. 게다가 그들은 진보입네 하면서 돈까지 벌어들이고 있어요. 진보가 돈을 버는 게 문제라는 건 절대 아니고요. 그들이 하는 말의 내용이 문제입니다. 가끔은 섬뜩하고 두려워요. 젊은이들의 어떤 정치적 선택에 대해 "너희도 바라는 바를 관철시키고 싶으면 화염병을 들고 시위를 하라"는 말에는 어안이 벙벙해서 귀를 의심했어요.

화염병이 날아다니던 1980년대 중반은 우리나라의 1인당 국민소득이 3,000달러 수준이었고, 휴대폰이나 개인용

컴퓨터도 없던 시절이에요. 군대가 시내에 진주하고, 영장없이 사람들을 막 끌고 가도 되던 시절이었다고요. 근데 요즘 젊은이들에게 그런 말을 하다니요. 그분들의 머릿속에서는 화염병이 곧 진보인 건가요?

역사를 보면 어느 단계까지는 발전하고 올라가요. 문제는 항상 그다음입니다. 진보도 마찬가지예요. 후진 인권국이던 우리가 힘들게 싸워서 여기까지는 끌어올렸는데요. 이제는 다시 끌어내려요. 이게 문제거든요.

백 명 중
세 명만이라도

지식인들이 이 시대에 '소금'이 되는 역할을 반드시 해줘야 하거든요. 바닷물의 염분 농도가 3퍼센트 정도라고 해요. '항상 우리가 소수구나'라고 슬퍼할 때 제가 늘 해주는 말인데요. "명수는 중요하지 않다. 백 명 중에 세 명 남짓만이라도 올바른 생각을 하고 있으면 지구 전체가 썩지 않는다. 소금처럼." 근데 그 세 명이 없어지거나 혹은 흐리멍텅해지는 거예요.

이미 예수가 "너희는 세상의 소금이다"라고 말했어요. 사람들이 그 뒷부분은 잘 모르는데요. "만일 소금이 짠맛을 잃으면 무엇으로 다시 짜게 만들겠느냐? 그런 소금은 아무 데에도 쓸데없어 밖에 내버려져 사람들에게 짓밟힐 따름이다"(〈마태복음〉 5장 13절)라고 했어요.

저는 이 뒷부분이 너무 섬뜩해요. 지금 소위 지식인이고 사회 지도층이라는 사람들이 저잣거리에서 경멸당하면서 짓밟히잖아요. 소금이 짠맛을 못 내니까요.

● 지식인들이 어떻게 하면 소금의 역할을 제대로 할 수 있을까요? 그 대책이 무엇일까요?

청군 백군으로 갈라져 싸우는 것에서 빨리 벗어나야죠. 응원단장 모자를 벗어 던지고 상식적인 선에서의 지식을 가지고 사회 전체를 비판하면서 소금의 역할을 해야 합니다.

지난번에 지인과 이야기를 나누다가 제가 "이건 정말 심각한 문제 아니야?" 했더니 "그거 어디서 들었어?" 하고 묻기에 "〈조선일보〉에서 단독 보도한 것 같아"라고 하니까 "〈조선일보〉잖아"라고 하더라고요. 그래서 제가 "김정은은 하늘이 파랗다고 하면 안 되냐?"라고 했는데요.(웃음)

사실 자체를 파악하려고 하기보다는 모든 일을 청군 백군의 모자를 쓰고 보니까 사실이 안 보이는 거예요. 이를 정치인들이 십분 이용하고 또 유튜버들이 십분 이용해서 돈을 벌죠. 사람들은 원래 양쪽으로 갈라져서 싸우는 걸 굉장히 좋아해요. 그러면 별로 사고할 필요가 없기 때문에 편하거든요.

지식인의 역할

　1981년 5·18 민주화운동의 진실을 알고 나서 제가 사람들에게 목숨 걸고 혹은 울고불고하면서 알렸지만 사람들은 반응하지 않았어요. 사람들은 절대 사실에 반응하지 않습니다. 분위기에 반응해요. 제가 살면서 깨달은 거예요. 그러면 사람들이 분위기에 반응할 때까지 어떤 사람들이 헌신했냐고요? 목숨까지는 아니지만 저도 제 삶을 많이 바쳤고요. 또래 친구들은 자기 목숨을 걸고 진실을 외쳤어요.

　그러고 나서 20년 정도 지나 분위기가 바뀌면서 그 사실들을 받아들이기 시작하더라고요. 광주에서 사람들이 그렇게 죽었고 그 현장을 찍은 비디오가 있다는 사실을 아는 사람이 1985년쯤에 정말 없었을까요? 아니, 다 봤어요. 그게 바로 지식인들이 먼저 해야 하는 역할이라는 거예요.

　대중은 동서고금을 막론하고 그리 현명한 때가 없었어요. 하지만 어떨 때 그 역사가 빛나느냐면요. 지식인들이 헌신해서 역사를 올바로 끌어가려고 노력하고 그 덕에 분위기가 바뀌는데 거기서 대다수의 대중이 약간 헌신하려고 돌아설 때예요. 결국은 그런 순간이 역사의 동력이었어요.

역사상 대중이 결코 계속 현명하지는 않지만 그 대중이 돌아서면 역사가 바뀝니다. 이런 끝없는 계단 혹은 딜레마 혹은 쳇바퀴 혹은 나선형으로 회전하는 발전들을 해나가는 게 역사가 아닐까요? 근데 항상 그 앞에는 양심적인 지식인들이 서야 합니다. 이게 제가 나이 들어가면서 얻은 지혜예요.

● 그래도, 그럼에도 '역사는 진보한다'고 보시는 거죠? ●
네, 역사는 진보합니다. 근데 아주 느리게 그리고 직선으로는 가는 건 아니고 돌아가요. 이제는 어느 정권에서도 SNS 같은 걸 단속할 수 없고요. 거대 언론을 장악하고 유튜버들에게 돈을 대서 여론을 흔들었지만, 제가 보기에는 이도 곧 힘이 없어질 것 같아요. 예전에 맹위를 떨쳤던 보수지들이 지금은 그렇지 못한 것처럼요. 편향되면 결국에는 사람들이 다 알게 되거든요. 물론 시간은 걸리죠. 그러니까 그걸 깨달을 때까지 손해를 얼마나 최소화할 것인가가 문제고요. 개인들은 어떻게 하면 이에 휘둘리지 않을 것인가를 심각하게 고민해야 합니다.

● 맞습니다. 저도 그 고민을 하고 있어요. 혹시 나도 모르

게 잘못된 정보나 이론에 빠져서 휘둘리고 있는 건 아닌지 반성하거든요. 자기 생각이나 세상을 바라보는 기준이나 시각을 어떻게 세울지, 또 이를 어떻게 계속 수정하고 발전시킬지가 고민입니다. •

그래서 철학을 공부해야 하고 종교를 가져야 합니다. 종교가 가장 오래된 철학이잖아요. 오랫동안 인류가 검증해왔고, '종교'라는 이름으로 수많은 잘못을 저지르긴 했지만 아직까지도 간직하고 있는 유산이잖아요. 고전古典도 마찬가지죠. 또다시 강조하지만 독서가 중요합니다. 그중에서도 고전을 읽어야 해요.

- 사람들이 책을 안 읽고 문해력이 떨어진다는 말을 많이 하는데요. 이것이 상대방에 대한 이해나 상대방의 고통을 이해하고 연민하는 마음이 없어지는 데도 작용하지 않나 싶습니다. •

초중고 학생들에게 약간 강제로라도 책을 읽혔던 시대가 노무현 정권에서 끝났어요. 그 뒤로 우리 교육에서 책의 중요성이 사라졌어요. 앞으로 어느 정권이 오든 교육에서 다시 책 읽는 분위기를 만들어야 합니다.

책은 어렸을 때 읽는 습관을 들여야 해요. 문자라는 게 고도의 문명이기 때문에 그냥 읽을 수 있는 게 아니거든요.

이 고도의 문화는 학습을 시켜야 하는 겁니다.

문자는 일종의 부호이자 암호예요. 제가 늘 말하는데, 포르노 영화의 해악은 심각하지만 포르노 책은 생각보다 그리 위험하지 않아요. 문자를 읽으면서 뇌에서 상상이라는 과정을 거쳐서 구체화시키는 게 책 읽기거든요. 시청각처럼 감각으로 직접 우리에게 호소하는 게 아니란 말이에요. 책 읽기는 필터링을 거치면서 암호를 해독해내는, 굉장히 창의적일 수 있는 행위인데요. 시청각은 감각이기 때문에 생각할 여지 없이 계속 자극을 받아요. 이런 것들은 인류에게 어떤 의미에서 퇴보를 가져올 수도 있다는 생각이 많이 듭니다.

젊은 노동자들의 죽음에 대하여

- 『도가니』나 『의자놀이』 그리고 『해리』의 경우에도 그런데요. 작가님은 현실에서 있었던 사건이나 거기서 느낀 감정들을 바탕으로 작품을 쓰시잖아요. 최근에 작가님에게 충격을 준 사건이 있나요?

이제는 사람들이 웬만한 일에는 충격받지 않는 것 같아요. 단순히 사건들이 대담하고 비참해졌다기보다는 한꺼번에 노출이 되기 때문에 충격이 덜해지는 측면이 분명히 있는 것 같습니다. 예전에는 텔레비전을 안 보면 알 수 없었지만 요즘은 텔레비전을 보지 않아도 온 데서 다 나오잖아요. 또 예전에는 기자가 고발을 하는 방식이었는데 지금은 모든 사람이 다 기자가 되고 고발자가 될 수 있으니까요.

최근에 충격을 받은 사건은 SPC의 노동자들이 계속 죽은 일이에요. 이게 제일 충격입니다. N번방도 충격이었고 다른 사건들도 있었지만 그런 일들에 대해서는 사회 전체가 경각심을 갖고 방지를 하려고 하잖아요. 근데 SPC는 왜 저렇게 그냥 두는 거예요? 이해가 안 가요. 소를 잃고서라도 외양간을 고쳐야 하거든요. 근데 안 고치잖아요. 소를 잃은 게 아니라 사람이 죽었는데요.

이제 사람 한 명 죽는 건 사람들한테 별일 아닌 것 같아요. 무안공항에서 일어난 제주항공 참사로 사람이 그렇게 많이 죽었는데 이제는 아무도 아무 말을 안 하는 건 또 무슨 이유인가요? 저는 한국 사회가 어떻게 퇴보하려고 이러나 하는 생각이 듭니다.

● 예전에는 끔찍한 범죄를 저지른 사람들도 약간 위악적인 느낌이었다면 지금은 죄책감을 전혀 느끼지 않는 범죄자들이 많은 것 같습니다. 소시오패스나 사이코패스 같은 느낌이랄까요. ●

이번에 이란과 이스라엘 전쟁에서도 드론 같은 걸 이용해서 사람을 죽이는 등 무슨 게임하듯이 전쟁을 하더라고요. 드론을 조종하는 사람이 자신이 사람을 죽인다는 걸 얼마나 느낄까요? 이런 것처럼 지시하는 사람, 즉 SPC 경영진이 자기가 몇 사람의 목숨을 비참하고 끔찍하게 죽였다는 걸 인지할까 싶어요. 이런 게 사회적 무감각, 앞으로 우리가 AI 시대에 싸워야 할 어떤 무감각이 아닐까 싶습니다.

예전에는 전태일이 뛰쳐나와 분신하면 온 나라가 그 뉴스로 도배됐지만 이제는 그런 일이 벌어져도 그다지 신경 쓰지 않을 것 같아요. 그만큼 점점 더 끔찍한 사회가 되어가고 있다는 거죠.

파시즘적 경향에 대하여

● 한국을 후기 파시즘 사회라고 보는 사람들도 있습니다. 제도적 민주주의가 어느 정도 완성됐음에도 파시즘의 징후가 많이 보이는 사회이기 때문에 어떤 의미에서는 더 위험할 수 있다는 진단들이 나오거든요.　　　●

지금이 '내 생에서 가장 위험한 상태'라고 생각해요. 어렸을 때부터 젊은 시절까지 독재 국가에 살았고 대항하면 무자비하게 고문당하는 사회에 살았지만 지식인들은 항상 바른 말을 하면서 정권에 맞섰는데요. 근래 10년 정도 사이에 소위 지식인들이 다 정치권으로 들어가서 청군 아니면 백군이 됐고 아무도 제삼지역에 서서 말하는 사람이 없어요. 그래서 가장 위험한 시대인 것 같아요. 위기감을 많이 느낍니다.

지난번에 유발 하라리Yuval Harari가 한국에서 강연한 걸 봤어요. 합법적 민주주의의 탈을 쓰고 파시즘화되는 과정을 설명하는데요. 맨 처음에 다수 의회 권력을 장악하고 나서 그다음 사법부를 무력화시킨다고 해요. 우리나라에서 지금 두 번째 단계가 진행되고 있어요. 지금 정권이 외피상으로 진보건 뭐건 오히려 파시즘화시키는 것들을 정당화하는 데 민주주의를 이용하고 있습니다.

제가 이런 말을 하면 모든 사이트 심지어 〈가톨릭신문〉 독자 게시판에까지 악플을 다는 사람들이 있거든요. 정말 홍위병스러운 행동인데요. 문화혁명 때도 마오쩌둥이 뭘 했나요? 홍위병이 다 했죠. 이런 비민주적인 행태들에 위기를 많이 느껴요. 제 꿈이 곱게 민주주의의 나라에서 죽는 겁니다.

- 예전에 한국 사람들은 두 명이 모이면 정당을 세 개 만든다는 말이 있었어요. 각자 하나씩 만들고 둘이 하나를

만들어서 세 개를 만든다는 거예요. 어떻게 보면 주체성이 강하다고 볼 수도 있는데요. 지금의 대중은 그때보다 어떤 정치인의 생각에 자기 의견을 더 위탁하고 또 정치인은 그걸 이용하는 느낌이 듭니다. 그러다 보니까 더 획일화되는 것 같습니다. •

저도 반성하는데요. 노무현 전 대통령의 죽음이 너무 가슴 아프다 보니 그다음 사람에게 '우리 누구누구 하고 싶은 거 다 해'라는 식으로 대했어요. 이때부터 망조가 시작된 것 같아요. 연예인에게 열광하는 건 세상에 큰 영향을 안 끼치지만 종교인이나 정치인에게 열광하고 광팬들이 설치기 시작하면 세상이 망하는 거예요. '사실 그런 걸 내가 먼저 했을지도 모르겠다'는 생각이 들어서 반성하는데요.

이런 식의 광팬 노릇을 하는 사람에 대해서는 성토를 해야 합니다. 정치인을 위해서 '은장도'를 차면 안 돼요. 정치인은 우리의 대리인이고 하수인일 뿐이에요. 그 심부름꾼들에게 충성을 맹세하는 순간 본말이 전도되면서 망조로 가는 겁니다. 그런 예로 히틀러, 마오쩌둥, 레닌이 죽은 이후에 스탈린이 러시아 전체를 잘못 이끌어서 인류에게 큰 해악을 끼쳤던 것 등등 수도 없이 많죠.

질문에서 말한 것처럼 두 사람이 모여서 당 세 개 만들면 나라가 좋아지죠. 진짜 다당제를 해야 해요. 다양한 목소리를 내고 다양한 욕구를 반영하는 당들이 생겨나야죠. 지금 이 양당이 싫은 사람은 어디로 가야 하나요? 이준석 같은 인물이 대표하는 당도 있으니까 페미니스트 당도 있어야 한다고 생각합니다.

불행을 치유하는 행복이
클 필요가 없다

공지영 작가님은 '고통'을 말하는 만큼 '행복'을 이야기한다. 이번에 인터뷰집을 진행하면서 오랜만에 만난 작가님은 '고통은 과거의 일'로, '행복은 현재의 일'로 말씀하셨다. 특히 지리산의 자연 속에서 보낸 7년의 시간 동안 치유받고 행복해지신 것 같아 보기가 좋았다.

'고통 전문가'라고 했지만 이제부터는 '행복 전도사'가 되셔도 좋을 듯싶다. 갈치 구이 하나에도 바람 한 점에도 아침마다 솟아오르는 해에도 총총 뜨는 별에도 행복해하는, 행복해할 줄 아는 작가님에게 '행복이란 무엇인가'를 물었다.

- 인터뷰가 마지막으로 가고 있는데요. 주제를 바꿔서 '행복'에 대한 이야기를 여쭤보고 싶습니다. 작가님 작품을

보면 등장인물이 말하는 행복은 늘 고통과 동행하거나 아니면 매우 조용히 도착하는 감정처럼 그려지는데요. 무엇을 행복이라고 생각하세요? •

법륜 스님이 "불교는 행복을 고통이 없는 상태, 괴롭지 않은 상태라고 정의한다"고 말씀하시더라고요. 엄밀하게 말하면 불교적 의미에서 행복은 없는 거예요. 인간은 행복을 느낄 수가 없고 있어도 찰나일 뿐인 거죠. 그래서 "행복에 집착하지 말고 고통이 없기를 바라라"고 말씀하시는 것도 일리가 있는데요. 저는 분명히 오늘 아침에도 굉장히 행복했어요. 오늘 아침에 동이 트는데 너무 예뻐서 사진을 계속 찍으면서 '내가 이런 장면을 보다니 너무 행복하다' 이렇게 생각했거든요.

신영복 선생이 큰 슬픔을 견디는데 반드시 같은 크기의 기쁨이 필요하지는 않다는 말을 했어요. 커다란 불행을 치유하는 행복이 클 필요가 없다는 거죠.

오늘 또 행복했던 게 정원에 베르가모트 꽃들이 너무너무 예쁘게 피었다가 장마 때 거의 다 시들었거든요. 그 꽃들을 정리하는데 그 밑에 가려져 있던 플록스라는 아주 진한 여름 꽃들이 확 드러나는 거예요. 그 꽃들을 보면서 너무 행복하더라고요. 어제 집안일로 속이 상했었는데 꽃 한 송이나 아침에 해 뜨는 풍경 이런 게 저를 너무 행복하게 해주는 거예요.

행복은 '작은 것' 같다는 생각이 들어요. 자잘한 불행들도 있지만 불행은 큰 게 많은데 행복은 주로 작은 것들인 것 같아요. 그래서 다 동의하지는 않으나 무라카미 하루키가 말한 "소소하지만 확실히 느낄 수 있는 행복"들을 확보하는 게 우울에서 벗어나는 첫 번째 길일 것 같습니다.

오늘 인터뷰하기 전에 점심 준비를 하면서 오랜만에 좋아하는 반찬집에서 나물 몇 가지를 사 왔어요. 기분이 너무 좋더라고요. 나물만 가지고 밥을 먹을까 하다가 '아니다. 잘 차려서 먹자' 싶어서 갈치도 구웠거든요. 갈치랑 해서 점심을 먹는데 너무 행복했어요. 나 자신을 위해서 몇 첩 반상을 차린 건데요. 이런 소소하지만 확실한 행복들을 만들어가는 게 큰 불행을 없애는 길인 것 같아요.

행복으로 가는 길도
행복해야죠

- 그렇게 소소한 기쁨과 행복을 느끼면서 살아가는 게 맞는데요. 예를 들면 이런 말 있잖아요. '20대에는 20평에서 30대에는 30평에서 살아야 한다'든지, 어떤 연령대에는 무슨 차 정도를 타야 한다든지 하는, 누가 정해주는 건지 모

르겠지만 사람들 사이에서 암묵적인 기준처럼 정해진 목표에 눌려서 사는 경우도 있습니다. •

세속적 기준들 때문에 우리가 좀비가 되는 것 같아요.(웃음) 근데 그게 '일종의 꿈'이라고 생각하면 나쁜 것 같지는 않아요. 하지만 거기로 가는 길도 행복해야죠. 행복으로 가는 길이 지옥이면 그건 지옥이에요. 어떤 세속적인 목표에 대한 꿈을 꾸는 내가 행복하고 거기까지 가는 길이 즐거워야 해요.

『즐거운 나의 집』에 쓴 **"오늘 행복하지 않으면 영영 행복은 없어"**라는 말이 오늘 행복하기 위해서 가진 돈을 오늘 다 쓰라는 게 아니잖아요. 생각해보면 저는 고3 때도 행복했어요. '내가 그래도 공부를 좀 하네'라는 자부심 같은 게 있었고요. 그전에는 공부를 진짜 안 했는데 '이제는 책상에 좀 앉아 있네' 하는 게 굉장히 행복했고, '1년 후에는 이 지옥에서 벗어날 수 있겠구나. 오늘 하루가 또 가네' 하는 것도 즐거웠거든요. 이처럼 행복을 바라보면서 그곳으로 가는 길도 행복하게 만들어내야 해요. 에베레스트산 등반한 사람들한테 물어보면 산에 오르기는 힘들지만 그 전체 과정이 지옥은 아니잖아요.

우리가 어떤 목표를 정하고 갈 때 단지 목표 달성만이 즐거운 건 아니에요. 사람은 노력하는 자기 자신에 대한 자긍심에서 느끼는 행복도 꽤 큽니다. 설사 '10억 모으기'라는 목표를 위해서 오늘 밤에 김치만 먹는다고 해도 그렇게 노력하고 있는 나 자신에게 자부심과 자긍심을 느끼면 행복한 거예요. 이런 것들에 다 의미를 지어야 사람이 살 수 있어요.

삶의 의미를
어디서 찾아야 할 것인가

● 지난번에 여쭤보려고 했던 건데요. 우리가 '삶의 의미를 어디서 찾아야 할 것인가?'라는 질문에 방금 해주신 '일상에서 의미를 찾으며 가야 한다'는 말씀이 하나의 답이 될 것 같아요. 또 자존심과 자긍심에 대해서도 이야기했는데 '노력하는 자기 자신에 대한 자긍심과 행복감'이라는 말이 마음에 와닿습니다. 다른 무엇보다도 그런 감정이 큰 동력이 되잖아요.   ●

　제가 룰을 지키는 데서 자긍심이 온다고 했잖아요. '룰 지키기' 더하기 '노력하는 자기 자신'의 모습에서도 자긍심을 가질 수 있어요. 그런 게 자존감을 쌓는 데 도움이 됩니다.

　예를 들면 올림픽에서 은메달이나 동메달을 딴 사람이 평생 열등감에 시달릴까요? 아닐 거예요. 목표했던 메달은 아닐 수 있지만 자기가 노력했던 시간들을 자기 자신은 알거든요. 다만 어떤 때 열등감에 시달리느냐 하면 누군가 옆에서 가스라이팅할 때예요. "너 금메달 못 땄잖아" 이런 방해들이 가스라이팅으로 들어오면 그 사람은 불행할 거예요. 하지만 일반적으로 그렇지 않다면 인간은 노력하는 자기 자신에 대해서 굉장한 자긍심과 자존감을 느끼고 행복해합니다.

저는 요즘 행복이라는 게 목적을 성취하는 데만 있지 않고 어떤 상태와 같은 것에도 넓게 분포돼 있다고 생각해요. 이를 매일 하나씩 찾아내야죠. 찾아내는 것도 또 자긍심을 쌓는 데 영향을 주거든요. 인터뷰하기 전에 점심 식사할 때 갈치구이를 하나 더 덧붙이고는 얼마나 스스로 자부심을 느끼면서 밥을 먹었는데요.(웃음)

지금 이 순간을 살며

행복은 목표나 목적의 성취에만 있는 게 아니고요. 그곳을 향해 일상에서 열심히 노력하는 자기 자신에 대한 자긍심도 행복의 한 요소예요. 누가 "네 삶의 끝에 뭐가 있니?"라고 묻는다면 모든 사람이 "죽음"이라고 답해야 해요. 우리는 죽음을 향해서 가고 있기 때문에 행복할 수가 없는데요.

제가 좋아하는 프란치스코 하비에르 구엔 반 투안

(1928~2002)이라는 베트남 출신의 추기경님이 계세요. 그분이 가톨릭 주교였으니까 공산화된 베트남에서 감금을 당합니다. 환기구라고는 수챗구멍 하나 뚫려 있는 지하 감옥이었다고 해요. 그리고 그분에게 간수들이 동화되지 않게 하려고 간수를 계속 바꾸고 학대를 했어요.

그분이 반혁명 죄로 감옥으로 끌려가면서 "언젠가 풀려날 날을 위해서 오늘을 사는 게 아니라 오늘을 위해 오늘을 살겠다"고 결심하는데요. 『지금 이 순간을 살며』라는 책에서 그런 내용을 읽고 큰 충격을 받았어요.

풀려날 날만을 기대하면서 버틴다면 그전까지의 날들은 다 버리는 날이 되니까요. 그래서 그 생활 속에서 어떻게든 감사한 걸 찾아내요.

저는 이게 신앙의 힘이라고 생각하는데요. 인류가 신앙을 버리지 않은 데는 신의 유무와 상관없이 이런 이유들도 꽤 크다고 생각합니다.

그분이 13년 반 동안 수감 생활을 하고 풀려났는데 상하지 않고 나왔어요. 그런 마음과 자세로 살았기 때문에요. 참 어려운 일이죠. 근데 우리는 최소한 그 정도는 아니잖아요. 어떤 상황에서도 그보다는 낫잖아요. 그러니 행복하지 못할 이유가 없죠.

- 말씀을 듣고 보니 로또에 당첨된 사람들이 왜 대개 끝이 안 좋은지 알 것 같습니다.(웃음)

준비할 시간이 없었으니까요. 로또를 사면서는 희망감에 행복했겠죠. 로또를 10년 정도 산 다음에 당첨되면 좀 낫지 않을까요.(웃음)

저도 어느 날 자고 일어나니까 유명해졌잖아요. 그래서 헤맨 시간이 10년이 넘어요. 작가가 될 때 이 사회에서 여성을, 더군다나 노동운동에 대해 쓰는 작가를 베스트셀러 작가로 만들 거라는 생각을 단 한 번도 한 적이 없어요. 꿈에도 생각하지 못했는데 어느 날 너무 유명해졌을 때 제가 정신과 상담을 다니기 시작했어요.

유명해지면서 오는 폐해가 너무 크게 부각됐고 하나도 감사하지 않았거든요. 지금은 다시 그때처럼 돈을 번다면 너무 감사할 것 같은데요. 당시에는 제가 준비할 시간이 없었고 노력하지 않았던 어떤 행운이 떨어진 거죠. 물론 노력을 안 한 건 아니지만 유명해지려고 한 건 아니니까요. 거기서 조금이라도 삐끗하면 끝이라는 위기를 느껴서 잠적이라는 형태를 택했고 크게 방황했던 거예요.

너무 빨리, 또 이른 나이에 출세하는 것도 그리 좋은 건 아닌 것 같아요. 유명해진 게 서른 살 때니까 지금 생각하면 아기죠.(웃음) 그때부터 적응하는 데 10년 정도 걸렸어요.

그토록 사람이 그리웠던 나와 연결하고자 전화벨은 끝없이 울려댔다. 하지만 사실을 말하면 나는 전혀 행복하지 않았다. (…) 내가 좋은 사람이 되기 전에, 내가 스스로 행복해지기 전에, 누구도 나를 행복하게 만들어줄 수 없다는 것….

◆ 『공지영의 수도원 기행』 가운데

행복으로 가는
마지막 관문

● 작가님이 느끼는 행복한 순간이 '나 자신과의 화해와 용서'와도 관련이 되나요? 곰곰 생각해보면 우리가 어떤 경우에 스스로를 용서하지 못해서 더욱 고통받기도 하는데요. 자신과의 화해와 용서는 어떻게 할 수 있을까요? ●

제가 저 자신을 '고통 전문가'라고 하는데요. '내가 왜 그렇게 고통스러웠나'를 생각해보면 '나 자신을 용서하지 못했고 너그럽게 대해주지 못했고 이해해주지 못했기 때문'이었던 게 거의 다예요. 누가 내게 해를 끼쳐서 불행했다기보다는 그에 반응하는 나 자신이 마음에 들지 않음과 비굴함, 나 자신만이 알 수 있는 나의 비겁함과 용기 없음, 자존심 없음, 이런 반응들이 나를 너무 불행하게 만들었어요.

그래서 행복해지는 마지막 관문은 '나를 이해해주고 나

를 용서'해주는 거였습니다. 과거의 나를 현재도 끊임없이 용서하거든요. 그러고 나니까 의외로 다른 사람을 용서하기가 쉽더라고요. 예를 들면 소위 '개딸'로 지칭되는 그 열혈 지지자들이 제게 와서 난리를 쳐도 '나도 한때 저런 때가 있었지' 싶으니까 뭐라고 못 하겠어요. 왜들 저러는지 이해가 되니까요. 그리고 '당신들도 언젠가 깨달으면 참 아플 거야. 부끄러울 거고. 당신도 그때 자신을 용서해야겠지. 이해해야 할 테고'라는 생각이 드니까 너그러워지더라고요.

나 자신을 용서하기

　예전에 고문당한 선배 중 한 사람이 "똥개보다 더 비굴하게 기어다녔던 나를 용서할 수 없다"는 말을 하더라고요. 고문하는 이들에게 굴복했던 나, 두려움에 떨었던 나를 미워하는 거죠. 하지만 그런 나를 이해하고 용서해줄 수 있는 건 나 자신밖에 없어요.

　남을 용서하는 건 두세 번째 문제예요. 그리고 사실 좀 불가능하죠. 성인聖人도 아닌데 나를 괴롭힌 사람을 어떻게 용서하겠어요. 유일하게 할 수 있는 건 그들 앞에서 비굴했던 나를 내가 용서하는 거예요. 나를 이해해주고 그다음에 "앞으로는 그러지 말자. 네가 그럴 수밖에 없었다는 걸 알아"라고 말해주는 게 내가 행복해지는 마지막 관문이자 가장 중요한 관문이었어요.

제 경우에는 거의 고문 같은 결혼 생활을 견디면서 결혼 생활 자체가 아니라 어떻게든 비위를 맞추려고 했던 나의 강박적 비굴함 같은 것, 그리고 그들이 내게 위해를 가하고 공격했을 때 현명하게 대처하지 못하고 미친 사람처럼 더 날뛰고 했던 것들이 저를 너무 힘들게 했거든요. 공격받았다는 사실 자체가 힘들게 한 건 아니에요. 그건 그 사람들의 문제니까요. 그래서 이런 것들을 되새기고 용서하는 시간들이 다였어요.

지금 이 책을 읽는 분들은 저보다는 그런 삶이 짧을 거잖아요. 아무래도 제 나이가 더 많을 테고 겪은 일이 많을 테니까 그런 역사가 더 길겠죠. 저도 했는데 누구나 할 수 있죠.(웃음)

- '작가님은 지식과 사회적 위치 같은 것들이 있었기 때문에 회복 가능하지 않았을까' 하고 생각하는 사람들도 있을 텐데요. 그렇지 않다는 말씀이네요.

그럼요. 전혀 상관없죠. 사람들이 "선생님이 자존감이 있는 건 돈도 잘 벌고 유명해서 그런 거 아니에요?" 하는데요. 아닙니다. 첫 번째 이혼했을 때 저는 유명하지도 않았고 돈도 없었고 월세방에서 절망적으로 살았어요. 그때 제게는 '이건 삶이 아니야. 이렇게는 살지 않겠어'라는 그 한 가지 결심뿐이었어요. 근데 '아닌 건 아니야'라고 말하고 뛰쳐나오는 그 용기가 제게 자존감을 줬어요. 앞에서도 말했지만 이혼을 잘했다는 게 아니고요. '이건 사는 게 아니지만 갈 데도 없으니 꾸역꾸역 살아내자'라고 하지 않았던 것, '어차피 이렇게도 못 살고 저렇게도 못 살 거라면 일단 여기서 탈출해야겠어'라는 마음이 제게 자존감을 준 거예요.

그렇게 나온 후에 생활비가 없어서 생활정보지에서 구직 자리를 찾아보는데 영어 과외 자리가 꽤 있어서 그 일을 할까 아니면 소설을 써야 하나 고민했거든요. 당시에는 계약하자는 출판사도 없었는데 문예마당이라는 신생 출판사가 작가들을 모으고 있었어요. 제가 가니까 계약금으로 200만 원을 주겠다고 하는데 그 돈이면 여섯 달 정도는 살겠더라고요. 영어 과외 대신 책을 쓰자고 생각하고 계약을 했죠.

근데 돈이 생기니까 글이 안 써져요. 다시 배가 부르고 술값이 생기니까 놀러 나갔죠.(웃음) 그러다 어느 날 보니까 돈이 떨어져가고 마감일은 점점 다가오더라고요. 그래서 마구 썼어요. 그게 『무소의 뿔』이었고 그다음에 여유가 좀 생겼죠.

글쓰기와 나의 행복

● 스물다섯에 작가로 등단해서 서른 살 즈음부터 발표하는 작품마다 베스트셀러에 올랐고 단행본을 가장 많이 판 작가이기도 했습니다. 상투적인 표현이지만 '화려한' 경력을 가지신 건데요. 작가님의 작품 활동과 행복은 어떤 연관이 있나요? ●

어린 시절에는 별로 행복한 적이 없었어요. 매사에 불만이었거든요. 근데 중학교 1, 2학년 때 잠글 수 있는 책상 서랍 속에 노트 세 권을 만들어서 한 권에는 장편소설 연재, 다른 한 권에는 일기, 나머지 한 권에는 시를 썼어요. 장편소설 삽화도 그려 넣으면서 앤솔러지를 만들었다고 했잖아요. 새벽 한두 시까지 나 혼자 글쓰고 지내던 그때 정말 행복했어요. 글을 쓰면서 순수하게 행복했던 건 그때가 최고봉이었죠.(웃음) 누가 돈을 줘요, 칭찬을 해요, 읽기를 해요. 그럼에도 혼자서 너무 행복했으니까 제가 소질을 좀 타고난 거죠.

대학교 들어가서는 "전두환 독재 아래서 글을 쓰는 사치를 하느냐"며 선배들이 '영원히 글쓰기를 중단하겠다'는 선서를 시켰어요.(웃음) 근데 했어요. 그 선서를 너무 잘한 것 같아요. 불교식으로 말하면 완전히 버렸기 때문에 제가 얻은 거예요. 그때 진심으로 모든 문학적 꿈을 버렸거든요.

당시에 김인숙 씨가 먼저 데뷔하고 학교에서 엄청 유명해져서 너무 질투가 났지만 나라를 구하기 위해서(웃음) 나는 노동자가 돼서 노동 혁명을 하러 가야 하니까요. 지금 생각하면 말도 안 되는 선서를 하고 갔는데 거기서 잡힌 거죠.(웃음)

소설가가 된 행복

그러고 났더니 정말 글이 쓰고 싶더라고요. 구치소를 나와서 이틀 만에 단편 「동트는 새벽」을 써서 응모하고 당선이 됐어요. 그것도 행운이었는데요. 〈창작과비평〉이 마침 복간돼서 가능했거든요. 제 앞에 유시민 씨하고 홍희담 작가가 〈창작과비평〉에서 등단을 했어요. 신춘문예였으면 등단하지 못했을 거예요. 당시에 노동운동하다가 잡혀간 이야기를 쓴 소설을 누가 등단을 시켜주겠어요. 그러니 그것도 행운이었죠. 등단이 확정됐다는 소식을 들었을 때 잠이 안 올 정도로 너무너무 행복했어요.

그다음에 『무소의 뿔』이 처음으로 대형 서점 베스트셀러 10위 안에 진입해서 그걸 보러 버스 타고 몰래 갔거든요.(웃음) 내가 보는 걸 누가 볼까 봐서요. 나를 누가 안다고 멀리서 봤어요. 그때도 정말 행복했어요.

그다음에 『고등어』가 출간되자마자 바로 1위로 올라가고 제 책 세 권이 동시에 베스트셀러가 됐을 때 아까 말한 불안이 찾아온 거예요. 그때는 행복하지 않았고 굉장히 불안해졌어요.

그다음 10년 정도 계속 불안이 찾아와서 출판사에 가서 "광고 좀 그만하세요. 이번 책은 안 팔릴 거예요. 저한테 더 이상 기대하지 마세요." 이렇게 말했어요. 정신과 가서 상담받을 만하죠.(웃음) 그리고 나서는 계속 그다지 행복하지 않았던 것 같아요.

다시 찾아온
글쓰기의 행복

몇 년 전에 이 세상에 염증을 느끼고 이제 그만하겠다고 생각하고는 코로나19 때 지리산에 와서 정원하고 논밭을 혼자 3년 동안 가꿨어요. 글도 안 쓰고 정원이랑 땅 일구면서 굉장히 행복했어요. 그러고 나서 다시 써야 할 때도 너무 괴로웠는데요.

요즘 〈가톨릭신문〉에 1년 동안 칼럼을 연재하기로 하고 쓰는데 안 괴롭더라고요. 약간 기쁨도 있고요. 새로 책 두 권을 기획해서 올해 안에 다 쓰기로 약속했는데요. 글을 쓰는 것에서 다시 약간의 기쁨과 사명감을 느끼고 있어요. 이제는 악플도 명성도 제게 큰 문제가 되지 않아서 거리낄 게 없습니다. 내년부터 연금받거든요. 연금을 좀 늦게 받으면 좀 더 준다고 하는데 '안 된다. 내년부터 받을 거다' 했어요.(웃음) 그러고 나니까 두려울 게 없는 거예요. 또 행복해졌어요. 열네 살 때 혼자서도 너무 행복했던 그 느낌과 비슷해요.

어느 시점에 돌아보느냐에 따라
행불행이 바뀌어요

● 유명한 작가이다 보니까 수많은 요청들을 받으셨을 테고, 그걸 거절하는 것도 일이었을 것 같습니다. 거절을 하지 못하고 견디다가 결국 잠적하기도 했다고 하셨는데요. 가장 힘든 거절은 어떤 것이었나요?   ●

쌍용자동차 사건 집필 제의가 제일 힘들었어요. 그때 정말 너무 부담스럽고 힘들어서 처음에는 거절했어요. "책은 못 쓰겠고 유족들을 위해서 성금을 낼게요" 했는데요. 쌍용차대책위원회에 회의를 하러 갔어요. "쌍용자동차 해고 노동자들이 대체 왜 죽는 거예요?" 하고 물어봤는데 아무도 대답을 못 해요. "그걸 알아야 사람들을 설득할 거 아니에요"라고 하니까 선배가 "너보고 그걸 쓰라고 하는 거야"라고 하는데 그 부담감은 이루 말할 수가 없었어요.

『의자놀이』를 쓰면서, 그리고 쓰고 나서 고생을 너무 많이 했는데요. 이제 와서 돌아보니까 너무나 자랑스러운 책이에요. 쓰기를 참 잘한 것 같습니다.

> 그냥 이것이 피해갈 수 없는 길이며, 피해서도 안 되는 길이라는 걸 알았다. (…) 오랜 경험을 통해 나는 그것이 의미하는 것을 알고 있었다. 마음의 길이 그리로 가고자 할 때 내 육체와 영혼을 다해 그를 따라가야 한다는 것을.
>
> ◆ 『의자놀이』 가운데

지금 여기서 행복하기

너무 중요한 이야기인데요. 사람은 어느 시점에서 돌아보느냐에 따라서 행불행이 바뀝니다. 제가 지금 행복하게 돌아보니까 '그 결혼 그냥 괜찮았어'라고 하지만 불행한 상황이라면 다 너무 불행한 일이 되는 거예요. 법륜 스님이 "내 현재에 따라서 삼생三生이 행복해진다"고 하시더라고요. 제가 소화한 대로 이야기해볼게요.

어느 날 부부가 와서 "스님, 저희는 전생에 원수였을까요, 좋은 인연이었을까요?" 하면 "원수였죠"라고 답한대요.

행복하게 잘 사는 사람들이 와서 그렇게 물어볼 리가 없으니까요.(웃음) "그러면 내생에는 안 만날까요?"라고 하면 "만나죠. 그게 해결될 때까지 만나죠"라고 답한대요. 전생에 원수였고 이생에서도 원수고 내생에 또 만나니까 삼생이 원수인 거예요.

다른 부부가 와서 "스님, 저희는 정말 사이 좋은 부부예요. 전생에도 좋은 인연이었으니까 또 만났겠죠" 하면 "그렇죠"라고 답한대요. "그러면 저희가 내생에도 또 만날 수 있을까요?"라고 하면 "그럼요. 또 만나서 행복할 거예요"라고 답한대요. 그러면 전생이랑 이생과 내생까지 삼생이 행복해진다는 거예요. 결론은, 항상 말하지만 지금 이 순간 행복하지 않으면 영영 행복은 없는 겁니다.

모든 살아 있는 존재의
행복할 권리

전에 평창에서 기르던 강아지를 잃어버렸을 때 연민 때문에 많이 울었거든요. 그 실종 상태가 가슴이 너무 아파서 '차라리 강아지들이 내 앞에서 죽는 게 낫겠다. 최악이 실종이구나'라는 생각을 했어요. 하물며 '자식이 실종된 사람의 마음은 얼마나 끔찍할까?'라고 생각했는데, 어느 날 일본 소설인지 실화인지를 다룬 책을 하나 읽었어요.

아이가 실종된 부모 이야기인데 몇 년 동안 아이를 찾아다니다가 어느 날 결단을 내립니다. '더 이상 아이를 찾아다니지 않고 기다리지 않겠다. 이제부터는 혼란스러운 내 삶을 추슬러야 한다'고 결심하고 자신들의 삶을 살아간다는 내용이었어요. 실종자 가족에게는 이런 결단도 필요하겠다는 생각을 했는데요.

더불어 '실종자 가족다움' '유족다움' '피해자다움'이라는 개념들과 이를 강요하는 세상에 대해서도 생각해봤어요. '무엇무엇 다움'이라는 게 이혼 후 제 삶에도 영향을 많이 미쳤거든요.

제가 법륜 스님 말씀에도 영향을 많이 받았는데요. 부처의 "모든 중생은 불성을 지니고 있다"는 말을 어떻게 해석하느냐가 불교의 큰 과제예요. 여러 해석들이 있는데 법륜 스님이 "모든 살아 있는 존재는 행복할 권리가 있다"는 말로 그 불성을 명쾌하게 해석하시더라고요.

"자식이 자살한 엄마도 행복할 권리가 있으니까 네 삶을 살아라"라는 거예요. "이혼을 해도 행복할 권리가 있고, 어제 부모가 돌아가셨어도 오늘 네 삶은 행복할 권리가 있다"는 말로 "모든 중생은 불성을 지니고 있다"는 걸 해석해서 굉장히 충격을 받았어요.

제가 여태까지 막연히 생각했던 '이혼녀다움'이나 '피해자다움'과 이런 것들을 거부해왔던 것에 대해서 어느 정도 이론적 근거를 찾았다는 느낌을 받았거든요.

그럼에도 오늘
내가 행복할 권리

어제 지인이 자식의 불행에 대해 고민하기에 제가 "나이가 마흔이 넘은 자식인데 이제는 신경 끊고 멀리서 기도만 해"라고 했어요. 그랬더니 "나이가 무슨 상관이야. 내 자식인데"라고 하더라고요. 저는 이런 '태도'와 '얽힘' 그리고 '우리가 남이가'라는 사고가 싫거든요. 앞에서 말했지만 가족이라도 우리는 실존적 남이에요.

설사 내 아이가 아파도 아픈 건 아픈 거고 내가 도울 수 있는 건 도와주지만, 나는 내 삶을 살면서 행복한 건 행복해해야 하는 거죠. 그러지 않고 계속 얽혀 있으면 아무도 행복할 수가 없습니다.

『그럼에도 불구하고』 에필로그에 "너희들 부모가 어떤 사람이든, 너희들의 형제가 어떤 사람이든 네 과거가 어땠든 네 남편이 무엇을 하든 (…) 오늘은 이 세상에 살아 있는 행복을 만끽하기를"이라고 썼어요. 행복하게 사는 것도 자기 선택이고 얽혀드는 것도 자기 선택이에요. 근데 얽힌다고 해서 해결이 안 돼요.

    비유하자면 물에 빠진 사람한테 저 같은 사람이 구조자의 역량도 없고 튜브도 없이 단지 선의만 가지고 뛰어들어 봐야 사실은 도움이 안 돼요. 모두 죽는 거고 진짜 구조자가 왔을 때 나까지 구하느라고 더 힘들어져요. 저는 삶과 관계에 대해서 이렇게 생각하는 편이고, 그에 따라 살려고 노력하고 있어요.

공지영의
마지막 당부

실존적 물음
"꼭 그래야만 하나? 그래야만 한다"

- 긴 시간 동안 말씀을 나눴습니다. 오랜만에 인터뷰집을 출간하는 거라 작년에 제안드렸을 때 고민을 좀 하다가 결정을 내리셨어요. 이 유튜브의 시대에 책으로 인터뷰집을 내는 의미에 대해 "그동안 책으로 전하지 못한 오랜 질문과 답을 세상에 이야기할 때가 된 것 같다. 내가 작품을 통해서 다 말할 수 없는 주제들을 이야기하되 작가로서 글로 풀어내고 싶다"고 말씀하셨는데요. 말씀처럼 진행이 된 것 같아요. 작가님만이 하실 수 있는 이야기였고 작가님에게만 들을 수 있는 이야기였습니다. 그 이야기들을 모아 책으로 전하니 독자들이 찬찬히 읽으며 즐겨주시면 좋겠는데요.

여기까지의 긴 여정을 어떻게 마무리할까요?

"선생님 꼭 이렇게 책을 읽고 공부하고 연습하고 노력하고 자기 자신을 용서하고 화해하고 해야 하나요?"라고 누군가 묻는다면요.

베토벤의 마지막 작품인 〈현악사중주 제16번 바장조, 작품 번호 135〉 마지막에 붙어 있는 메모 내용을 빌려서 대답하겠습니다. 제가 정말 좋아하는 곡이니 꼭 한번 들어보시기를 권하고요.

그의 메모에는 '고통스럽고 힘들게 내린 결심Der Schwergefasste Entschluss'이라는 말에 이어 '꼭 그래야만 하나Muss es sein?'라는 물음을 던진 다음에 '그래야만 한다Es muss sein'라고 쓰여 있답니다.

"제가 말한 대로 책을 읽고 공부하고 명상하고, 안 되더라도 계속 연습해서 마음의 근육을 키우고, 룰을 지키며 자존감을 쌓고, 그렇게 노력하는 자신을 보며 자긍심을 느끼세요. 자기 자신을 용서하고 화해하세요. 그리고 행복하세요. 꼭 그래야만 합니다."

나는 매일 아침 일어나 오늘 이 날씨, 이 풍경과 더불어 단순하게 행복해지는 걸 선택하게 해달라고 기도했다. 왜냐하면 오늘 나는 여기 있고 이게 전부니까. (…) 나는 내게 주어진 이 모든 것들을. 그것이 내 맘에 들든 그렇지 않든 감사하고 감사하리라 다짐했던 것이다.

◆ 『해리』 가운데

우리가 헤어지는 것은
성장했기 때문이다

지승호의 나가는 말

나는 인터뷰하는 사람이다. 다른 재주는 없다 해도 이 일만큼은 즐겁고 보람 있어 25년째 인터뷰어로 살아왔다. 순탄하지만은 않았다. 그럴 때마다 "내 롤모델은 사마천이야. 당대에는 패배자였을지 몰라도 역사의 승자가 될 거야"라는 허세(?)로 버텼다. 그래도 버틴 시간 덕분에 60여 권의 인터뷰집을 냈다. 헛된 세월만은 아니었다.

이렇게 오랜 시간을 인터뷰할 수 있게 해주신 분들을 떠올리면 맨 앞에 공지영 작가가 선다. 『괜찮다, 다 괜찮다』로 인터뷰어로서 대중 앞에 내 이름을 알리게 해주었고, 그 후로도 많은 지지와 격려를 보내주었다.

이번 책을 위한 대담까지 합하면 스무 번가량의 긴 인터뷰를 나눴고, 어떤 날은 내리 열한 시간을 마주 앉아 이야기를 했다.

많은 이들이 묻는다. "공지영 작가는 어떤 분이야?" 그때마다 나는 쉽게 단정하지 않으려 한다. 콘텐츠를 만드는 사람은 누군가를 몇 마디로 표현하는 일에 조심스러워해야 한다고 믿기 때문이다. 예능 프로그램에서 "공지영 작가와 관련된 에피소드를 들려주세요"라는 요청을 해왔지만 거절했다. 방송의 재미를 위해 던진 몇 마디가 한 사람을 왜곡할 수 있다는 것을 현장에서 배웠다.

두 번째 인터뷰집을 내는 시점에서 공지영 작가를 다시 생각해본다. 가장 먼저 떠오르는 것은 '거짓말을 못하는 분'이라는 것이다. 사람들은 일상에서 사소한 거짓말을 주고받는다. 그러나 내가 본 공지영 작가는 말과 행동을 가능한 한 진실에 붙들어 매려 애썼다. 그 솔직함이 때로 오해를 부르기도 했다.

하지만 이 책에서 확인할 수 있듯 공지영 작가는 자신의 오류에는 분명히 사과하고, 스스로의 주장대로 살고자 노력한다. 말과 삶의 간극을 좁히려는 그 마음을 나는 곁에서 오래 보았다.

공지영 작가는 "지난 모든 고통, 모든 실수, 모든 추락과 아픔, 그 와중에서 아주 작게 길어 올렸던 샘물 같은 나의 지혜들을 우리 아이들에게 알려주는 심정으로 이 인터뷰에 응했다"고 말했다.

과연 나는 그에 부응할 만한 노력을 다했는가, 스스로에게 묻게 된다. 그럼에도 공지영 작가의 진심과 전상희 대표의 노력이 더해져 좋은 책으로 나오는 것 같아 안도의 숨을 쉰다.

코로나19 팬데믹 이후 집에 머무는 시간이 길어졌다. 사람들과의 만남이 어려워지면서 혼자가 더 편하기도 했다. 하지만 사람은 끝내 관계를 끊고 살 수 없는 존재다. 원고를 읽고 인터뷰를 오가며 나는 관계에서 비롯된 문제를 어떻게 받아들이고, 그 과정에서 어떻게 성장할 수 있는지를 다시 배웠다. 이 책의 첫 번째 수혜자는 아마도 나일 것이다.

그리고 비관주의자인 나에게 자부심이 하나 더 생겼다.

"나, 공지영 작가와 두 권의 인터뷰집을 낸 사람이야."

인터뷰에 응해주시고 좋은 말씀을 들려준 공지영 작가님, 기획과 편집으로 이 책에 생명을 불어넣어준 전상희 대표에게 깊이 감사를 드린다.

2025년 9월
지승호

참고문헌

라이너 마리아 릴케, 『젊은 시인에게 보내는 편지』, 송영택 옮김, 문예출판사, 2018
프란치스코 하비에르 구엔 반 투안, 『지금 이 순간을 살며』, 바오로딸, 2000
신영복, 『감옥으로부터의 사색—신영복 옥중서간』, 돌베개, 2018
스캇 펙, 『아직도 가야 할 길』, 최미양 옮김, 율리시즈, 2023

공지영의 책들

공지영, 『무소의 뿔처럼 혼자서 가라』, 해냄, 2016
――, 『우리들의 행복한 시간』, 해냄, 2016
――, 『도가니』, 창비, 2017
――, 『즐거운 나의 집』, 해냄, 2019
――, 『해리 1·2』, 해냄, 2018
――, 『높고 푸른 사다리』, 해냄, 2019
――, 『먼 바다』, 해냄, 2020
――, 『사랑 후에 오는 것들』, 소담출판사, 2024년
――, 『맨발로 글목을 돌다―2011년 제35회 이상문학상 작품집』, 문학사상사, 2011
――, 『공지영의 수도원 기행 1』, 분도출판사, 2014
――, 『공지영의 수도원 기행 2』, 분도출판사, 2016
――, 『사랑은 상처를 허락하는 것이다-공지영 등단 30주년 문학 앤솔로지』, 해냄, 2019
――, 『그럼에도 불구하고-공지영의 섬진 산책』, 위즈덤하우스, 2020
――, 『너는 다시 외로워질 것이다』, 해냄, 2023
――, 『의자놀이』, 휴머니스트, 2012

상처 입은 치유자 공지영이 보내온 오랜 질문과 답
우리가 헤어지는 것은 성장했기 때문이다

1판 1쇄 펴냄 2025년 10월 15일
2쇄 펴냄 2025년 12월 10일

지은이 공지영·지승호
펴낸이 전상희
펴낸곳 도서출판 온
출판등록 2018년 5월 10일 제2018-000082호

기획편집 전상희, 박민주
디자인 문성미
사진 이강훈
인쇄 ㈜공간

전화 0502-280-4949
전송 0303-3445-4948
전자우편 one@onedit.co.kr

ISBN 979-11-966108-2-1 03810

· 이 책 내용의 전부 또는 일부를 이용하려면 저작권자와 도서출판 온의 허락을 받아야 합니다.
· 잘못된 책은 구입하신 곳에서 바꿔드립니다.
· 책값은 뒤표지에 있습니다.